Resilienz

Brigitte Dorst

Resilienz

Seelische Widerstandskräfte stärken

Patmos Verlag

Wichtiger Hinweis:
Die in diesem Buch enthaltenen Informationen, Hinweise und Übungen wurden nach bestem Wissen der Autorin erstellt und sorgfältig geprüft. Sie ersetzen jedoch nicht den persönlich eingeholten (psycho-)therapeutischen oder medizinischen Rat. Verlag und Autorin können für Irrtümer oder etwaige Schäden, die aus der Anwendung der dargestellten Informationen, Hinweise oder Übungen resultieren, keine Haftung übernehmen. Deren Nutzung bzw. Durchführung erfolgt auf eigene Verantwortung der Leserinnen und Leser.

MIX
Papier | Fördert gute Waldnutzung
FSC www.fsc.org
FSC® C014496

Klimaneutral
Druckprodukt
ClimatePartner.com/14549-2003-1001

Die Verlagsgruppe Patmos ist sich ihrer Verantwortung gegenüber unserer Umwelt bewusst. Wir folgen dem Prinzip der Nachhaltigkeit und streben den Einklang von wirtschaftlicher Entwicklung, sozialer Sicherheit und Erhaltung unserer natürlichen Lebensgrundlagen an. Näheres zur Nachhaltigkeitsstrategie der Verlagsgruppe Patmos auf unserer Website www.verlagsgruppe-patmos.de/nachhaltig-gut-leben

Bibliografische Information der Deutschen Nationalbibliothek
Die Deutsche Nationalbibliothek verzeichnet diese Publikation in der Deutschen Nationalbibliografie; detaillierte bibliografische Daten sind im Internet über http://dnb.d-nb.de abrufbar.

Verlagsgruppe Patmos in der Schwabenverlag AG, Ostfildern
www.verlagsgruppe-patmos.de
Aktualisierte Neuausgabe der 2. Auflage des 2018 im Patmos Verlag erschienenen gleichnamigen Titels.
Die Praxisteile 3 und 4 dieses Buches sowie die Ausführungen zu den Themen »Krisen« und »Symbole« wurden – in überarbeiteter Form – aus dem Buch *Lebenskrisen. Die Seele stärken durch Bilder, Geschichten und Symbole* übernommen, das 2010 im Walter Verlag, Mannheim, erschienen ist.

Umschlaggestaltung: Finken & Bumiller, Stuttgart
Druck: GGP Media GmbH, Pößneck
Hergestellt in Deutschland
ISBN 978-3-8436-1456-6 (Print)
ISBN 978-3-8436-0633-2 (eBook)

Inhalt

Einleitung

Durch die anhaltenden globalen Krisen unserer Zeit fühlen sich viele Menschen belastet; Verunsicherung, Ohnmachtsgefühle, Zukunfts- und Existenzängste beeinträchtigen ihr Lebensgefühl. Wie zurechtkommen mit den Veränderungen, die als eine Zeitenwende erlebt werden, wie mit dem Verlust des als sicher geglaubten Wohlstands? Woher die Hoffnung nehmen, die vielen Krisen bewältigen zu können? Wie können Kräfte des Widerstands, des Bestehens gefunden und gefördert werden? Die Frage nach Resilienz, nach den Widerstandskräften der Seele, rückt gegenwärtig in besonderer Weise ins Bewusstsein.

Hoffnung und Resilienz sind eng miteinander verbundene Lebenskräfte, sie sind not-wendig und werden für anstehende Veränderungen gebraucht, für ein sinnvolles, gutes Leben in einer lebenswerten Welt. Eine so verstandene Resilienz gehört für mich zu einem tiefgreifenden Bewusstseinswandel – es geht nicht um Resilienz im Sinne von „survival of the fittest", nicht darum, etwas zu bekämpfen, sondern darum, Lebens- und Heilkräfte zu unterstützen und zu stärken.

Beim Thema Resilienz gilt es auch, nicht nur den Bereich des Bewusstseins in den Blick zu nehmen, sondern ebenso Kenntnis von den Kräften des Unbewussten zu erlangen, worauf C. G. Jung mahnend hingewiesen hat: „Die Weltmächte, welche die gesamte Menschheit auf Gedeih und Verderb regieren, sind unbewußte psychische Faktoren […]."[1]

Dieses Buch über Resilienzkräfte und das, was sie fördert, basiert auf dem Welt- und Menschenbild der Analytischen Psychologie C. G. Jungs. Es geht von der Wirklichkeit des Seelischen aus, die eine Realität schaffende Wirkkraft darstellt und damit als Ansatz verstanden werden kann, unsere Resilienz zu erweitern und zu stärken. Psychische Faktoren, die auf seelisches Wachstum, Optimismus und größere Bewusstheit ausgerichtet sind – z. B. Empathie, Umgang mit Stressfaktoren und schwierigen Emotionen, Selbstwirksamkeit und Selbsterkenntnis – sind dabei ebenso wichtig und hilfreich wie heilende Kräfte, die in den Tiefenschichten der Seele zu finden sind.

In diesem Buch geht es darum, wie mit Hilfe von Phantasie und Imagination Zugang zu inneren Kraftquellen gefunden und die eigene seelische Gesundheit gestärkt werden kann. Es will Menschen helfen, bei seelischen Verletzungen und Verwundungen in sich Kräfte der Heilung und innere Stärke zu aktivieren, und gibt Anregungen, wie mit den Schattenseiten des Lebens vielleicht besser umgegangen werden kann. In diesem Buch werden Sie nicht trainiert zum »Stehaufmännchen«, das, nachdem es niedergedrückt wurde, reflexhaft wieder hochschnellt. Es kann Sie aber vielleicht dabei unterstützen, verständnisvoller, fürsorglicher und kompetenter Ihr Leben mit seinen Problemen und Schwierigkeiten zu leben und daran weiterzuwachsen.

Das Buch bietet keine Patentrezepte, sondern bewährte Übungen, Hinweise und ein hilfreiches Praxiswissen, so dass Sie Ihr eigenes Repertoire zur Stärkung Ihrer seelischen Widerstandskräfte – Ihrer Resilienz – für sich finden und weiterentwickeln können. Sie sollen auch nicht weiter unter Selbstoptimierungsdruck gesetzt werden – im Gegenteil: Es geht darum, mit mehr Gelassenheit und weniger Anspannung die täglichen Anforderungen des Lebens anzunehmen und auch Krisen und besondere Belastungssituationen besser zu bestehen – im Vertrauen auf die belebende und inspirierende Kraft des Symbolischen, die sich über Phantasie und Imagination entfalten kann. Dazu wollen vor allem die Übungen dieses Buches Hilfestellung geben. Es geht um das seelische Wachsen und Reifen eines Menschen im Sinne der Individuation, eines zentralen Konzepts der Analytischen Psychologie C. G. Jungs, das ich in Teil 2 dieses Buches – neben einigen anderen wichtigen Grundideen – näher beschreibe.

Auf der Grundlage der Erkenntnisse der gegenwärtigen Resilienzforschung und der Neurowissenschaften wissen wir heute, wie Krisenbewältigung und seelische Gesundheit unterstützt werden können. Es wurde untersucht, was Menschen hilft, schwierige Lebenssituationen und belastende Ereignisse zu bewältigen, und welche Resilienzfaktoren auch im Erwachsenenalter gefördert werden können. Dies wird in Teil 1 dieses Buches ausführlich dargestellt.

Teil 2 führt ein in das Menschen- und Weltbild der Analytischen Psychologie C. G. Jungs und erläutert, welche Bedeutung die Arbeit mit inneren Bildern und Symbolen für die Stärkung der Resilienz hat.

In den Praxisteilen 3 und 4 geht es vor allem um Anleitungen zu Imaginationen, die sich auf verschiedene Motive und Symbole beziehen. Dabei handelt es sich um bewährte heilsame innere Bilder und Themen.[2]

In diesem Sinne möchte das Buch Sie einladen zu einer Reise in die eigene Innenwelt.

Wir träumen von Reisen durch das Weltall:
ist denn das Weltall nicht in uns?
Die Tiefen unseres Geistes kennen wir nicht.
Nach innen geht der geheimnisvolle Weg.
In uns oder nirgends ist
die Ewigkeit mit ihren Welten,
die Vergangenheit und Zukunft.

Novalis[3]

Teil I

Schwierige Zeiten bewältigen

1. Resilienz als Lebens- und Widerstandskraft

Ich vertraue darauf, dass in jedem Menschen
ein Lebenswille am Werk ist, der ihm hilft,
das zu wählen, was ihm entspricht.
C. G. Jung

Was ist Resilienz?

Der Begriff Resilienz hat in den letzten Jahren eine beispiellose Karriere gemacht. Wenn man dieses Wort googelt, trifft man inzwischen auf mehr als 7,5 Millionen Einträge. In vielen Bereichen der Psychologie und Psychotherapie ist es immer bedeutsamer geworden, z. B. in der Traumatherapie oder der Behandlung von Burnout, ebenso in Beratung und Coaching, in Trainingsseminaren für Führungskräfte sowie in Schulen und Kindergärten.

In früheren Zeiten haben Psychologie und Psychotherapie sich darauf konzentriert, die Defizite, das Pathologische und Normabweichende zu erforschen. Die Resilienzforschung hat die Denkrichtung umgekehrt; es ist ein Paradigmenwechsel: Es geht nun darum, die gesundheitserhaltenden Kräfte zu fördern und zu stärken, und genau dies ist Resilienz: Resilienz kann als eine Widerstandskraft der Seele verstanden werden, als eine Art psychisches Immunsystem, das die inneren Stabilisierungs- und Heilkräfte umfasst und fördert.

Resilienz hat zu tun mit folgenden Fragen:

- Wie können Menschen schwierige Lebenssituationen, Krisen und Traumata überwinden, ohne dauerhaft Schaden zu nehmen oder zusammenzubrechen?

- Wie können Kinder gedeihen und auch Erwachsene weiterwachsen, trotz widriger Lebensbedingungen?
- Wie können Menschen ihre seelische und körperliche Gesundheit erhalten und Freude am Leben finden?

Aus tiefenpsychologischer Sicht bedeutet Resilienz, mit den Halt gebenden und stärkenden Tiefenschichten der Seele in Kontakt zu kommen. Diesen Zugang zu den inneren Kraftquellen zu finden, kann mit Hilfe von Phantasie, Imagination und Intuition gelingen. Ziel ist es, bei seelischen Verletzungen heilende Kräfte zu aktivieren und die seelische Gesundheit zu stärken. Es geht also nicht um Selbstoptimierung, nicht um »Hornhaut auf der Seele«. Es geht vielmehr darum, mit mehr Gelassenheit und weniger Anspannung die täglichen Anforderungen des Lebens anzunehmen. Das bedeutet auch, Krisen und besondere Belastungssituationen besser zu bestehen. Dabei hilft es, auf die belebende und inspirierende Kraft des Symbolischen zu vertrauen, die sich über Phantasie und Imagination entfalten kann.

»Resilienz« kommt vom lateinischen Wort *resilire*, zurückspringen, abprallen. Im Bereich der Physik bezeichnet dieser Begriff die Elastizität eines Materials unter der Einwirkung von Druck und Belastung. In der Psychotherapie geht es um Heilung nach seelischen Verletzungen und Traumatisierungen, um die Fähigkeiten, Schicksalsschläge und schwierige Lebenssituationen zu bewältigen und in einen guten, gesunden Zustand zurückzukommen.

In der deutschen Sprache gibt es kein entsprechendes Wort für Resilienz. Es hat zu tun mit Stärke und Flexibilität; für manche Bereiche können wir auch von Krisenkompetenz sprechen und meinen damit die Fähigkeiten, mit seelischen Belastungssituationen und traumatischen Erfahrungen so umzugehen, dass die Spannungen ausbalanciert und die entstandenen Probleme bewältigt werden können.

Vieles beeinflusst diese resilienten Fähigkeiten: Veranlagung und genetische Ausstattung, Umweltfaktoren, frühe Erfahrungen in der Kindheit, soziale und kulturelle Einflüsse, Gewalterfahrungen, Vernachlässigung, Sicherheit gebende nahe Bezugspersonen, der Grad an seelischer Verwundbarkeit, Lebensstil und Lebenserfahrungen im Erwachsenenalter. Hier wird bereits deutlich, dass Resilienz nicht ein stabiles Merkmal der Persönlichkeit sein kann, sondern ein Prozess des Ausbalancierens einer Reihe verschiedener Faktoren ist, bei dem die Resilienz im Verlauf des Lebens gestärkt oder auch weiter geschwächt werden kann.

Resilienz gehört zu unserer seelischen Grundausstattung, die mit ihren jeweiligen Eigenarten die seelische Stabilität bzw. Verletzlichkeit, die sogenannte Vulnerabilität, mit bestimmt. Es sind also innere Kräfte, die uns helfen, den Anforderungen des Lebens zu begegnen, mit Unvorhersehbarem zurechtzukommen, Niederlagen zu verkraften und wieder aufzustehen.

Um die eigenen Resilienzkräfte zu wissen, hilft zu einer Lebenshaltung, bei der Schweres, Schicksalhaftes als zum Leben dazugehörig gesehen werden kann. Vor Krisen und schwierigen Lebenssituationen kann man sich nicht schützen, aber doch lernen, damit umzugehen, sich ihnen zu stellen und auch an solchen Erfahrungen seelisch zu wachsen und den eigenen Ressourcen zu trauen.

Dies entspricht auch dem Menschenbild der Analytischen Psychologie C. G. Jungs. Sie sieht den Menschen in einem lebenslangen Prozess der Selbstverwirklichung auf dem Weg, der zu werden, der man wirklich ist. Jung nannte dies »Individuation«. Er hatte ein besonderes Zutrauen zu den schöpferischen und heilsamen Entwicklungs- und Entfaltungskräften der Seele. Aus tiefenpsychologischer Perspektive geht es darum, wie die Entwicklung und Reifung im Sinne der Individuation trotz widriger Umstände, chronischer Belastungsfaktoren und lebensverändernder Ereignisse gelingen kann. Hierbei ist die Resilienz von besonderer Bedeutung.

Resilienz betrifft alle Lebensbereiche: Identität und Selbstbild eines Menschen, Privates und Berufliches, gelebte Beziehungen, Lebensstil, soziale und materielle Ressourcen und ebenso Spiritualität. Ein Mensch, der seine Resilienz, seine inneren Kraftquellen, zu nutzen weiß, kommt mit sich, mit den anderen, mit dem Leben gut aus – nicht immer, aber immer wieder. So versteht auch die Schweizer Familientherapeutin Rosemarie Welter-Enderlin das Konzept der Resilienz: »Unter Resilienz kann die Fähigkeit von Menschen verstanden werden, Krisen im Lebenszyklus unter Rückgriff auf persönliche und sozial vermittelte Ressourcen zu meistern und als Anlass für Entwicklung zu nutzen.«[4] Man kann auch sagen, es geht um die Biegsamkeit von Menschen, darum, in den vielfältigen Belastungssituationen des Lebens vielleicht in die Knie zu gehen, aber nicht zu zerbrechen, sondern sich wieder aufrichten zu können.

Resilienz ist die innere Stärke von Menschen, mit Krisen, Konflikten, lebensverändernden plötzlichen Ereignissen – z. B. plötzliche Kündigung, schwere Erkrankung, Krebsdiagnose, Trennung, beruflicher Misserfolg oder das Scheitern von Beziehungen und Lebensplänen – umzugehen, sie als Herausforderungen anzusehen.

Vulnerabilität und Resilienz

Menschen können von Krisen und kritischen, lebensverändernden Ereignissen in sehr unterschiedlichem Ausmaß betroffen sein. Aufgrund von ererbten Dispositionen und bisherigen Lebenserfahrungen sind sie unterschiedlich verletzbar und belastet. Wir sprechen daher von der je spezifischen seelischen Verwundbarkeit eines Menschen, seiner Vulnerabilität, und seinen seelischen Widerstandskräften, der Resilienz.

Es gibt Menschen, die eine unerwartete Trennung durchleben, ihren Arbeitsplatz verlieren, in einen schweren Verkehrsunfall verwickelt sind und dennoch diese Lebenserfahrungen verkraften können, ohne in eine schwere Krise zu geraten. Auch wenn das Leben sie beutelt, scheinen sie über seelische Kräfte und Schutzfaktoren zu verfügen, die sie vor krisenhaften Zusammenbrüchen bewahren. Andere sind dagegen schon unter Normalbedingungen und bei kleinen und mittleren Alltagsärgernissen seelisch angegriffen und verletzt. Ihre seelische Verwundbarkeit ist besonders hoch.

Menschen mit hoher Resilienz sind eher in der Lage, selbst bei großem Leid und Schmerz nach Lösungsansätzen für ihre Probleme zu suchen und können sich auch leichter Unterstützung holen. Aktuelle Studien[5] zeigen aber auch auf, dass Resilienz nicht einfach auf angeborene Faktoren zurückzuführen ist, sondern vor allem auch durch Lernen gefördert werden kann, und zwar in jedem Lebensalter.

Ein besonders wichtiger Bestandteil der Resilienz ist die Einstellung, sich selbst nicht einfach als Opfer ungünstiger Umstände oder des Schicksals zu sehen, sondern die Überzeugung zu haben, das eigene Leben positiv beeinflussen und gestalten zu können. Diese sogenannte Selbstwirksamkeit gilt auch für Menschen, die traumatische Erfahrungen machen mussten: Nicht jeder Betroffene leidet nach einem Trauma an posttraumatischen Belastungsstörungen.

Selbstwirksamkeit ist eine Form der Selbstwahrnehmung, über eigene Ressourcen und Kompetenzen zu verfügen und ein gewisses Maß an Kontrolle über die jeweilige Situation ausüben zu können. Selbstwirksamkeit ist daher ein wesentlicher Resilienzfaktor.

Selbstwirksamkeit verbindet sich mit der Bereitschaft, sich zur Erreichung von Zielen auch anzustrengen, das Leben in die eigenen Hände zu nehmen und die Zukunft mitgestalten zu wollen. Personen mit dem Resilienzfaktor einer hohen Selbstwirksamkeitserwartung setzen sich höhere Ziele und betrachten Probleme vor allem als Herausforderung. Menschen mit niedriger Selbstwirksamkeitserwartung reagieren eher mit Ängsten, depressiven Symptomen und Hilflosigkeit.

Resilienzfaktoren sind nicht primär Persönlichkeitseigenschaften. Sie entwickeln sich in Wechselwirkungen zwischen den Genen und verschiedenen Umwelteinflüssen, die auch zu genetischen Veränderungen führen können. Das zeigen auch neuere Forschungen zur Epigenetik.[6] Hier tut sich für die Zukunft vielleicht eine Chance auf, die Resilienzkräfte eines Menschen auch genetisch zu stärken.

Die Anfänge der Resilienzforschung

In den 70er-Jahren des 20. Jahrhunderts veröffentlichte die amerikanische Entwicklungspsychologin Emmy E. Werner zusammen mit Ruth Smith die Ergebnisse einer über Jahrzehnte umfassenden Langzeitstudie, die sie auf Kauai (einer Insel von Hawaii) durchgeführt hatte.[7] Sie fanden heraus, welche Faktoren für die psychische Gesundheit von Erwachsenen entscheidend sind. Sie hatten 700 Kinder beobachtet und in ihrer weiteren Entwicklung begleitet, deren Lebensbedingungen durch eine Vielzahl von Risikofaktoren wie chronische Armut, Hunger, Alkoholismus, Gewalt, problematische Familienverhältnisse, schlechte Schul- und Bildungsbedingungen in Bezug auf ihre körperliche und seelische Entwicklung eine schlechte Prognose hatten.

Überraschenderweise zeigte sich, dass etwa ein Drittel der Kinder aus solchen Herkunftsfamilien sich trotz vielfacher Risikofaktoren zu lebenstüchtigen Erwachsenen entwickeln konnte, die Arbeit gefunden hatten und weder straffällig geworden noch auf staatliche Fürsorge angewiesen waren. Diese Kinder verfügten über Lebensstrategien, die es ihnen ermöglichten, nicht in Alkohol und andere Drogen abzugleiten. Besonders wichtig für sie war vor allem eine verlässliche Bezugsperson innerhalb oder außerhalb der Familie sowie ein entsprechendes Rollenmodell.

Diese Studie zeigte vor allem auf, dass es Faktoren gab, die einen Teil der Kinder vor Verwahrlosung, Abgleiten in Drogen, Kriminalität und seelischen Folgeproblemen schützten. Sie hatten jeweils mindestens eine Person, die sich als verlässlich erwies, sich mit Wärme und Zuneigung um das Kind kümmerte, Orientierung und Halt gab. Diese – wir würden heute sagen: resilienten –

Kinder zeigten keine Verhaltensauffälligkeiten, waren sozial integriert, wurden als fröhlich und sehr zugewandt beschrieben, die anderen halfen und auch selbst um Hilfe für sich bitten konnten. Sie waren als Kleinkinder nicht auffällig oder schwierig im Ess- und Schlafverhalten, waren nach Auskunft ihrer Mütter sehr ausgeglichen und umgänglich. Resilienz ist demnach vor allem auch die Fähigkeit, förderliche Beziehungen zu entwickeln.[8]

Resilienzfaktoren zur Lebensbewältigung

Von Geburt an hat jeder Mensch Resilienzpotentiale. Ob sie sich entwickeln können oder verkümmern, hängt ab von den Interaktionen, die sich zwischen dem Individuum und seiner jeweiligen sozialen, kulturellen und gesellschaftlich bestimmten Umwelt gestalten.

Wie schon die Kauai-Studie von Werner und Smith zeigte, sind verlässliche Bindungserfahrungen in der frühen Kindheit für die weitere Entwicklung von entscheidender Bedeutung. Als weitere grundlegende Faktoren gelten vor allem eine Form von Störungstoleranz gegenüber Belastungen und Stress. Christa Diegelmann nennt als Basispotential ferner: emotionale Stabilität, Lebensfreude, Energie, Offenheit für Neues, Fähigkeit zum Perspektivwechsel.[9]

In der Resilienzforschung wurde nach weiteren Merkmalen gesucht, die Menschen mit guter Resilienz kennzeichnet, d. h. Menschen, die trotz schwerer Schicksals- und Lebensbelastungen ein für sie selbst gutes und zufriedenstellendes Leben leben. Als besonders bedeutsam zeigten sich:

- soziale Aspekte: Verbundenheit mit anderen und ein tragfähiges Beziehungsnetz sowie die Bereitschaft, Hilfe zu suchen und anzunehmen,
- emotionale Ausgeglichenheit und Frustrationstoleranz,
- Spiritualität/Religiosität,
- das Maß an seelischer Verletzbarkeit (Vulnerabilität),

- Einstellungen zum Leben und zu Werten,
- erlernte Verhaltensmuster im Umgang mit Stress und Konflikten,
- Selbstwahrnehmung,
- Wertschätzung für sich selbst und andere,
- Lernfähigkeit,
- realistische Zielsetzungen,
- ein ausgeprägtes Kohärenzgefühl, d. h. Vertrauen in die Verstehbarkeit, Sinnhaftigkeit und Bewältigungsmöglichkeit des Lebens,
- Vertrauen in die eigene Selbstwirksamkeit, d. h. die Überzeugung zu haben, das eigene Leben selbst beeinflussen zu können, die Fähigkeit, an Probleme lösungsorientiert heranzugehen,
- Krisenkompetenz als die Lebenserfahrung, Krisen in der Vergangenheit gut bewältigt zu haben.

Auch deutsche Studien, wie die von Laucht, Esser und Schmidt durchgeführte Mannheimer Risikokinderstudie[10], fanden heraus, dass es Kinder gibt, die sich trotz sehr ungünstiger Lebensbedingungen – wie Armut, zerrüttete Familienverhältnisse, Alkoholismus und psychische Erkrankungen in der Familie, Vernachlässigung und Gewalt – gut entwickeln konnten. Diese resilienten Kinder wurden als kontaktfreudig, emotional ausgeglichener und anpassungsfähiger wahrgenommen, sie waren aktiver, suchten für sich Hilfe und hatten mehr Willenskraft, ihr Leben selbst zu gestalten. Auch für diese Kinder waren Bindungserfahrungen mit verlässlichen Bezugspersonen von großer Bedeutung. Die Ergebnisse der grundlegenden Kauai-Studie von Emmy E. Werner und Ruth Smith wurden so bestätigt.

Inzwischen wurden weltweit eine Reihe von Längsschnittstudien durchgeführt. Im Vergleich ergab sich, dass es ein Bündel von bestätigten Merkmalen gibt, die für die gesunde seelische Entwicklung von Kindern, Jugendlichen und Erwachsenen bedeutsam ist. Resilienz erwies sich als ein multidimensionaler Prozess. In der Anwendung der Forschungsergebnisse geht es zum einen darum, die Risikofaktoren für die menschliche Entwicklung und Gesunderhaltung genauer kennenzulernen, zum anderen ist das Ziel herauszufinden, welche Ressourcen für die Förderung von Resilienz, für die Lebensbewältigung, bedeutsam sind.

Wenn man also fragt, was Menschen mit gut entwickelten Resilienzfaktoren auszeichnet, könnte man sagen: Resiliente Menschen

- leben in für sie bedeutsamen Beziehungen bzw. sind sozial gut vernetzt,
- sind besonders lernfähig,
- haben Ziele, Werte und Zukunftsperspektiven,
- können Stress besser verarbeiten und ausgleichen,
- wissen, wie sie sich selbst beruhigen und nach Anspannung wieder entspannen können,
- verfügen über eine gute Selbstkontrolle und können negative Emotionen und affektive Impulse hemmen,
- sind lösungsorientiert in Bezug auf die Probleme und nicht resignierend,
- können Unveränderliches leichter annehmen,
- können negative Erlebnisse eher akzeptieren als etwas, das auch zum Leben gehört.

Burnout, Stress und Resilienz

Auch im Zusammenhang mit den weit verbreiteten Burnout-Erkrankungen spielt Resilienz eine wichtige Rolle.

Burnout kann verstanden werden als Zusammenbruch der körperlichen, geistigen und emotionalen Fähigkeiten. Es ist ein Zustand körperlicher und psychischer Erschöpfung, der aus lang anhaltenden Belastungen und Überforderungen resultiert, bei denen nicht genügend Resilienzfaktoren zum Ausbalancieren verfügbar waren. Man kann das Burnout-Syndrom als eine Zeitkrankheit verstehen, die bei Angehörigen aller Berufe zu finden ist. Auf die Burnout-Krise wird im nächsten Kapitel noch ausführlicher eingegangen.

Wie entsteht ein Burnout? Burnout hat mit lang anhaltenden Stresssituationen zu tun. In einer Stresssituation bereitet sich der Organismus wie auf eine Gefahr vor, bei der es darauf ankommt, schnell zu reagieren. Entsprechend steigen Blutdruck und Puls an, Hormonausschüttungen bereiten auf Kampf- oder lebensrettende Fluchtreaktionen vor. Wenn die Gefahr vorbei ist, sollte der Körper sich wieder herunterregulieren können.

Bei Dauerstress bleibt der Körper aber in einem Alarmzustand mit fatalen körperlich-geistig-seelischen Folgeproblemen. Resilienzkräfte, die für Entspannung, Wohlbefinden und Beruhigung sorgen könnten, werden nicht hinreichend aktiviert. Natürlich ist die Belastbarkeit durch Stress bei Menschen sehr unterschiedlich, ebenso, welche Stressoren (Lärm, Termindruck, zu viele Aufgaben, Überforderung, Beziehungsprobleme) besonders gesundheitsgefährdend wirken.

Für Burnout-Gefährdete und stressgeschädigte Menschen sind Resilienz-Übungsprogramme – etwa Progressive Muskelentspannung nach Jacobson, Achtsamkeitsübungen, Yoga, Qigong, Meditation, körperliche Bewegung, Auszeiten ohne Medienpräsenz, Aufenthalt in der Natur – empfehlenswerte Möglichkeiten zur notwendigen Stressreduktion.

Unter dem Resilienzaspekt geht es also vor allem um Stressabbau, um Normalisierung des Alltags, darum, Anspannungs- und Normalisierungsphasen in ein ausbalanciertes Verhältnis zu bringen. Aus der Forschung der Psychoneuroimmunologie ist bekannt, wie fatal sich Stress auf das gesamte Immunsystem auswirkt. Insbesondere langfristiger, chronisch gewordener Stress stört die Regelkreise des Organismus empfindlich. Auch Entstehung und Wachstum von Tumoren und die Zunahme von allergischen Erkrankungen werden in diesem Zusammenhang erforscht.

Resilienter zu werden bedeutet, Risikofaktoren (Energieräuber) und Regenerationsmöglichkeiten (Kraftquellen) für sich persönlich herauszufinden, und vor allem, den Widerstand gegen eine Veränderung zum Besseren bei sich selbst wahrzunehmen. Niemand verändert sich gern, das »Gewohnheitstier« in uns wird weiter »gemästet«, das ist bequemer. Achtsame Selbstwahrnehmung und ehrliche Selbstkritik werden benötigt, um in ein erfolgreiches Selbstveränderungsprogramm einzusteigen. Ein solches umfasst mehrere Abschnitte in einer Wachstumsspirale der Resilienz, in sieben Schritten vom Ausgangspunkt Dauerstress hin zur Stressreduktion:

Die sieben Schritte der Resilienz

1. Erschöpfung, Unzufriedenheit, Missstimmung, Dauerstress, Stresssymptome (»Alles Mist«),
2. Status quo, Bequemlichkeit, Widerstand gegen Veränderungen, Sich-eingerichtet-Haben (»Es geht nicht anders«),
3. Einsicht und echte Veränderungsbereitschaft (»So kann's mit mir nicht weitergehen«),
4. Selbstermutigung, Motivierung, Wünsche und Sehnsucht, Phantasien von einem besseren Leben in sich zulassen (»Ich erlaube mir, Träume und Hoffnungen zu haben«),
5. Konkrete Pläne machen und sich Ziele setzen (»Ist es machbar, realistisch, konkret, überprüfbar?«),
6. Change-Phase: Veränderungen im Berufsleben und Privatleben durch Aktivierung von Resilienz (»Ich tu's!«),
7. Stressreduktion, besserer Gesundheitszustand, wieder wachsende Zufriedenheit mit sich selbst, in den Alltag übernommene dauerhafte Resilienzaktivitäten (»Es darf mir wieder gut gehen / Es geht mir so besser!«).

Resilienz fördernde Lebenseinstellungen und Grundhaltungen

Im Zusammenhang mit Resilienz sind einige Grundhaltungen und Lebenseinstellungen besonders relevant. Diese haben sich in der Beobachtung und Untersuchung von Menschen mit sehr guter Resilienz immer wieder bestätigt. Es sind:

- Selbstvertrauen, Selbstakzeptanz, Selbstwertgefühl,
- Hoffnung und Optimismus,
- Selbstwirksamkeit,
- gute Selbstsorge,
- Gelassenheit,
- Humor.

Ein positives Selbstbild und Vertrauen ins Leben bilden sich vor allem in den frühen Bindungserfahrungen eines Kindes, wenn das Kind seine Bezugspersonen als verlässlich und einfühlsam in Bezug auf seine Bedürfnisse erlebt.

Selbstvertrauen und Vertrauen ins Leben zu haben, hat nichts zu tun mit Naivität und unkritischem Denken. Die Schwere von Problemen wird nicht verleugnet, aber die Zukunft ist offen und der Bezug zu vergangenen guten Erfahrungen in der Bewältigung ist ebenfalls vorhanden. Menschen mit wenig Selbstvertrauen und einer negativen Lebenseinstellung fühlen sich dagegen schnell persönlich benachteiligt und gekränkt nach dem Muster: »Da sieht man es mal wieder, natürlich trifft es mich wieder. Das Leben ist einfach ungerecht!« Sie generalisieren leicht ihre Misserfolgserlebnisse und erwarten eher Negatives als Positives.

Selbstakzeptanz, Selbstvertrauen, Selbstwertgefühl

Selbstbewusstsein und Selbstakzeptanz bedeuten, sich seiner Ich-Identität bewusst zu sein, sich mit seinen Stärken und Schwächen wahrzunehmen und anzunehmen. Dies zeigt sich u. a. darin, wie jemand mit eigenen Fehlern sowie mit Fremd- und Selbstkritik umgeht. Selbstbewusstsein lässt sich auf die einfache Grundformel bringen: »Ich bin okay« – als ein Mensch im Werden, in einer lebenslangen Entwicklung, auf dem Weg der Individuation.

Manche Menschen kennen an sich ein hohes Maß an Selbstablehnung und Selbstverurteilung. Die Gründe dafür sind in der

Lebensgeschichte zu finden: Schon dem Kind wurde nicht ermöglicht, ein Gefühl für seinen Wert zu entwickeln; es fehlte ein hinreichendes Maß an liebevoller Fürsorge, sicherer Bindung und Bestätigung. Selbstablehnung bedeutet eine schmerzhafte innere Verletzung und richtet eine innere Barriere gegen heilsame Resilienz auf.

In sehr ausgeprägten und lebenseinschränkenden Formen ist eine Psychotherapie notwendig, um sich selbst besser akzeptieren zu lernen, Verzerrungen im Selbstbild zu korrigieren, einen anderen Umgang mit sich selbst einzuüben und Zugang zu eigenen heilsamen inneren Kräften zu finden.

Bei den menschlichen Grundbedürfnissen geht es neben den körperlichen Bedürfnissen auch um die emotionalen Bedürfnisse nach Achtung, Anerkennung und Wertschätzung. Wir alle haben den Wunsch, geliebt zu werden und unsere Liebesfähigkeit zu verwirklichen. Wir brauchen Nähe und Zugehörigkeit zu anderen Menschen und gedeihen lebenslang am besten in sozialer Verbundenheit mit anderen. Für die psychische Entwicklung braucht es Erfahrungen des Sich-verlassen-Könnens auf die Bezugspersonen und ihre Fürsorglichkeit. Insbesondere durch die Bindungsforschung haben wir viel lernen können über die Basis des Grundvertrauens und über die Schwierigkeiten mancher Menschen, anderen zu vertrauen, weil sie ihnen mit einer Voreinstellung ängstlichen Misstrauens begegnen und immer wieder befürchten, von Neuem enttäuscht zu werden.

Selbstakzeptanz kommt zum Ausdruck in einem liebevollen, achtsamen Umgang mit sich selbst. Dazu gehört das Beachten der Grundbedürfnisse, vor allem auch der Bedürfnisse des Körpers nach sinnvollen Lebensrhythmen, nach guter Ernährung, nach Sicherheit, nach Aktivität und Bewegung ebenso wie nach Ruhe und Entspannung. Wesentlich ist auch das Beachten der geistigen Bedürfnisse nach Lernen, Information und geistigen Anregungen, nach altersgemäßer Entwicklung, nach Werten und Orientierung im moralisch-ethischen Bereich. Ebenso wollen Bedürfnisse nach Sinn und Spiritualität wahrgenommen und gelebt werden.

Sehr hilfreich zur Entwicklung von Selbstakzeptanz finde ich einen Text der amerikanischen Familientherapeutin Virginia Satir:

Alles, was zu mir gehört

Ich bin ich selbst. Es gibt auf der ganzen Welt keinen Menschen, der mir vollkommen gleich ist. Deshalb ist alles, was von mir kommt, ganz und gar mein – ich habe es gewählt.

Alles, was ein Teil meines Selbst ist, gehört mir: mein Körper und alles, was ich damit tue, mein Geist und meine Seele mit allen dazugehörigen Gedanken und Ideen, meine Augen und alle Bilder, die sie aufnehmen, meine Gefühle, gleich welcher Art – Ärger, Freude, Liebe, Frustration, Enttäuschung und Erregung [...].

Mir gehören meine Phantasien, meine Träume, meine Hoffnungen und meine Ängste. Mir gehören alle meine Erfolge, all mein Versagen und all meine Fehler.

Weil alles, was zu mir gehört, mein ist, kann ich mit allem zutiefst vertraut werden. Ich kann lernen, mich selbst anzunehmen, und kann mit allem, was mir gehört, freundlich umgehen. So kann ich es möglich machen, daß alle Teile meines Selbst zu meinem Besten zusammenarbeiten.

Ich weiß, daß es manches an mir gibt, was mich verwirrt, und manches, was mir gar nicht bewußt ist. Aber solange ich liebevoll und freundlich mit mir umgehe, kann ich mutig und voll Hoffnung darangehen, Wege durch diese Wirrnis zu finden und Neues an mir zu entdecken.[11]

Ein gutes Selbstwertgefühl ist eine wichtige Basis für das Wohlbefinden. Es hat zu tun mit Selbstachtung, Vertrauen in die eigenen Fähigkeiten, den Erfahrungen von Selbstwirksamkeit im Leben, mit Zufriedenheit und Anerkennung. Es ist also ein wichtiges, wenn auch sehr komplexes Gefühl, ein Ja zu sich selbst – auch Wohlwollen sich selbst gegenüber.

Zu einem guten Selbstwertgefühl gehört ebenfalls, Hilfe in Anspruch nehmen zu können, ohne sich dadurch »klein« und hilflos zu fühlen. Es bedeutet, sich selbst und andere wertzuschätzen.

Das Gegenteil von einem guten Selbstwertgefühl sind ausgeprägte Minderwertigkeitskomplexe, negative Selbstbilder und Misstrauen. Das zeigt sich in inneren Sätzen wie:

- »Das schaffe ich ja doch nicht.«
- »Dafür bin ich viel zu blöd.«
- »Dazu bin ich nicht gut genug.«
- »Die haben doch gar kein Interesse an mir.«
- »Der/die versteht mich ja sowieso nicht.«

Sätze wie diese verdeutlichen negative innere Einstellungen und Haltungen, die ihre Ursache in Komplexen haben. Komplexe sind innere Muster, die sich im Laufe des Lebens über schwierige und konflikthafte Erfahrungen gebildet haben. Jeder Mensch hat solche Muster, solche Komplexe, die mitbestimmen, wie wir Situationen erleben und wie wir uns verhalten. Sie sind in großem Maße unbewusst und können gerade dadurch eine starke Wirkung entfalten.

Hoffnung und Optimismus

Hoffnung ist die Kraft, welche die Zukunft offen lässt für Wandlung, Veränderung und Gelingen. Auch Hoffen ist eine seelische Widerstandskraft. In seinem großen philosophischen Werk *Das Prinzip Hoffnung* beschreibt Ernst Bloch das Hoffen als »Arbeit gegen die Lebensangst«. Und er betont: »Es kommt darauf an, das Hoffen zu lernen.«[12]

Hoffnung verlangt nach aktivem Tun, sie muss geweckt, genährt, geschöpft werden. Dann kann ein Mensch wieder beginnen, sich »Hoffnung zu machen«, seine Situation verändern zu können. Mit dem aktiven Hoffen wird auch die Aktivität zum Handeln geweckt.

Hoffnung, Zuversicht und Optimismus als Grundhaltung ist nichts Oberflächliches, bedeutet nicht ein »Alles ist doch nicht so schlimm«, sondern ein »Auch wenn es schlimm ist«: Genau in dieser Situation bleibt eine Hoffnung auf Verbesserung und Änderung. Eine positive, optimistische Haltung vermag auch im

Schwierigen und Schlechten noch nach dem möglichen Guten zu suchen – mit der Kraft der Hoffnung, die Sinn darin sieht, sich aktiv um Veränderung zu bemühen.

Sehr ermutigend schreibt Brigitte Romankiewicz in ihrem Buch über Hoffnung:

Wie unser Atem aus der Fülle der vorhandenen Luft schöpft, nährt sich die Hoffnung aus der Fülle und Verlässlichkeit vorhandenen Lebenspotentials und aus der Vielfalt von Vorstellungsmöglichkeiten.[13]

Hoffnung hat auch zu tun mit einem Grundvertrauen in sich selbst. Gerald Hüther hat beschrieben, wie man aus einem Teufelskreis von Negativität herauskommt:

Es gibt nur einen Ausweg aus diesem Teufelskreis, und dieser Weg ist ein Gefühl, das irgendwie wieder geweckt werden muss: Vertrauen. Nicht das Vertrauen, das man geschenkt bekommt, sondern dieses andere, ganz eigene Vertrauen, das jeder Mensch in sich trägt, das bei manchen größer, bei anderen kleiner ist und immer dann neu entstehen und wachsen kann, wenn es einem Menschen zumindest hin und wieder gelingt, ein Problem erfolgreich zu lösen, eine Herausforderung erfolgreich zu meistern, sich also irgendwie in einer schwierigen oder bedrohlichen Situation zurechtzufinden.[14]

Im engen Zusammenhang mit Hoffnung steht Optimismus. Optimismus und Pessimismus sind grundlegende Denk- und Erlebnismuster, die sich in der Bewältigung von Krisensituationen besonders auswirken.

Optimismus ist eine Lebensauffassung, bei der alle Ereignisse von der positiven Seite her gesehen und angegangen werden. Es ist eine Haltung von Zuversicht und Hoffnung, dass sich die Dinge zum Guten wenden können. Im Pessimismus werden die Dinge mit Skepsis, Befürchtungen und mit der Erwartung möglicher negativer Folgen betrachtet. Der düstere Blick nach vorn kann mit resignativen Tendenzen und einem inaktiven Verharren in einer schwierigen Situation verbunden sein. Pessimismus wirkt sich meist hemmend auf die Bewältigung von schweren Erkrankungen aus und ist auch eher lebenszeitverkürzend.

Probieren Sie einmal in der nachfolgenden Übung, einen optimistischeren Blick auf sich selbst und das Leben zu werfen:

Affirmationssätze zur Stimmungsaufhellung

Affirmationen sind Bestätigungssätze (von lat. *affirmare* – bestätigen), die ihre stimmungsaufhellende Wirkung entfalten können, wenn Sie sie innerlich still vor sich hin sprechen. Probieren Sie einmal aus, welche Wirkung solche Affirmationssätze auf Sie haben können

- Ich bin ein liebenswerter, einmaliger Mensch.
- Ich kann Freude empfinden und ausstrahlen.
- Ich spüre meine Lebenskraft in meinem Körper.
- Es gibt vieles in meinem Leben, das ich gernhabe.
- Ich kann mich in manchen Dingen frei entscheiden.
- Dieser heutige Tag gibt mir neue Chancen für Schönes.

Optimismus bedeutet nicht, eine rosarote Brille aufzusetzen und die Probleme zu leugnen, sondern angesichts von Krisen und Schwierigkeiten nach dem jeweils Möglichen zur Verbesserung der Situation zu suchen. Optimismus bewirkt, dass Menschen eine Bedrohung als weniger groß und weniger wahrscheinlich ansehen. Optimisten sind daher weniger in Gefahr, vorschnell aufzugeben, sie können sich flexibler einer veränderten Situation anpassen. Nach zahlreichen Studien ist dies der Gesundheit und dem Wohlbefinden besonders förderlich. Optimismus hat zu tun mit Lebensbejahung und Lebensfreude.

Die folgende Übung gibt Ihnen die Möglichkeit, sich einmal ganz bewusst durch die Wahl eines »positiven Leitwortes« zum Pol von Optimismus und Lebensfreude hinzuorientieren.

Sich zum Pol von Optimismus und Lebensfreude hinorientieren

Was fällt Ihnen ein zu:

- Begeisterung
- Behagen
- Dankbarkeit
- Daseinsbejahung
- Erholung
- Freude
- Frohsinn
- Genuss
- Glück
- Heiterkeit
- Lust
- Munterkeit
- Rausch
- sich amüsieren
- Spaß
- Vergnügen
- Vorfreude
- Wohlbefinden
- Zärtlichkeit
- Zufriedenheit
-
-

Schmecken Sie alle Wörter mit Bedacht und wählen Sie dann *eines* aus, ein Wort, dessen Qualitäten Sie in den nächsten Tagen mehr erkunden wollen, ein Wort, das Sinn und Sinne anspricht. Auch wenn Sie es in der Vorstellung (noch) nicht richtig kosten können, vielleicht gibt es doch die Sehnsucht danach, den Wunsch z. B. nach etwas, das Vorfreude weckt und im Bereich Ihrer Möglichkeiten liegt.

Selbstwirksamkeit

Das in diesem Kapitel schon mehrfach genannte Konzept der Selbstwirksamkeit bezeichnet die Erwartung, die wir in Bezug auf die Wirksamkeit unseres Handelns haben. Ein handelnder Mensch, eine wirkende Kraft zu sein, heißt, durch eigenes Tun Dinge absichtsvoll geschehen zu lassen. Selbstwirksamkeit ist eine optimistische Einschätzung der eigenen Lebensbewältigungskompetenz, ein Bewusstsein von den eigenen Fähigkeiten, die jeweiligen Anforderungen und Aufgaben bewältigen zu können.

Das Konzept der Selbstwirksamkeit wurde in den 70er-Jahren von Albert Bandura entwickelt und erlangte für die klinische Psychologie weitreichende Bedeutung. Selbstwirksamkeit bedeutet kurz gesagt, Vertrauen in die eigenen Stärken und Fähigkeiten zu haben bzw. zu entwickeln und sich entsprechend zu verhalten.

Ein Mensch mit diesem Selbstvertrauen geht davon aus, dass er über die Mittel und Fähigkeiten verfügt, ein bestimmtes Ziel auch durch Überwindung von Schwierigkeiten und Hindernissen erreichen zu können. Selbstwirksamkeit ist somit eine wichtige Resilienz fördernde Einstellung. Schon ein Säugling erfährt durch die Wahrnehmung der Folgen seines Verhaltens (Schreien, Saugen, Strampeln, Lächeln), dass er mit Hilfe seines Körpers auf seine Umwelt Einfluss nehmen kann und selbstwirksam ist – sofern seine Umwelt einfühlsam reagiert.

Empirische Studien haben gezeigt, dass Menschen, die einen gefestigten Glauben an die eigenen Fähigkeiten und Kompetenzen haben, größere Ausdauer bei der Bewältigung von Aufgaben zeigen, weniger unter Ängsten und depressiven Verstimmungen leiden und in Ausbildung und Beruf mehr Erfolg haben. Selbstwirksamkeit wird natürlich durch reale Erfolgserlebnisse positiv verstärkt.

Bei der Entwicklung und beim Aufbau von Selbstwirksamkeit sind verbale Ermutigungen wichtig. Wenn Menschen von wichtigen Bezugspersonen etwas zugetraut wird, stärkt dies auch ihr Selbstvertrauen und verringert Selbstzweifel. Wiederholte Misserfolge und überfordernde Erwartungen wirken sich dementsprechend negativ aus.

Selbstwirksamkeit, Selbstachtung und Selbstwertgefühl hängen eng zusammen. Menschen, die in ihren frühen Lebensjahren mangelnde Resonanz und Unterstützung erlebt haben und bei ihren Versuchen, mit der Mutter und anderen frühen Bezugspersonen selbstwirksam in Kontakt zu treten, immer wieder entmutigt wurden, zeigen als Kinder, Jugendliche oder Erwachsene eine niedrige Selbstwirksamkeitserwartung. Sie sind oft der Überzeugung, dass sie mit ihren Fähigkeiten und ihrem Verhalten nicht viel bewegen können, und glauben, dass andere, das Schicksal oder die Umstände über ihr Leben entscheiden. Sie fühlen sich auch öfter als Opfer, geben schneller auf und wagen sich gar nicht erst an einen

Versuch, etwas zu erreichen. Sie fühlen sich schnell Herausforderungen nicht gewachsen und reagieren häufiger hilflos.

Selbstwirksamkeit ist eine wichtige Ressource in der Auseinandersetzung mit Umweltanforderungen und hat einen großen Einfluss auf die Gefühle, das Selbstbild, das Verhalten, den Lebenserfolg und damit nicht zuletzt auf die Resilienz eines Menschen, denn Resilienz verändert sich auch durch Lernerfahrungen.

Gute Selbstsorge

»Für keinen ist es zu früh und für keinen zu spät, sich um die Gesundheit der Seele zu kümmern«, meint der griechische Philosoph Epikur. Die Frage nach dem rechten Leben war bereits in der Antike ein wichtiges Thema. In neuerer Zeit ist das Thema Lebenskunst, die *ars vivendi*, besonders durch den französischen Philosophen Michel Foucault und in Deutschland durch Wilhelm Schmid in die Öffentlichkeit gebracht worden. Lebenskunst hat insofern wesentlich mit Resilienz zu tun, als sie eine Form guter Selbstsorge und damit reflektierte und praktizierte Resilienz ist.

Gute Selbstsorge basiert auf der Einstellung: Ich bin der Mensch, der mir anvertraut ist, oder wie es in einem jüdischen Midrasch heißt: »Wenn ich nicht für mich sorge, wer tut es dann? Wenn ich nur für mich allein sorge, wer bin ich dann? Und wenn nicht jetzt, wann dann?«

Man kann die eigene gute Selbstsorge z. B. mit den folgenden Fragen überprüfen:

Meine eigene gute Selbstsorge

- Bin ich mir selbst eine gute Freundin, ein wohlmeinender echter Freund oder eine scharfe, gnadenlose Kritikerin, ein Antreiber, für den nichts gut genug ist?
- Kann ich mir selbst Gutes gönnen, z. B. genügend freie Zeit?
- Fällt es mir schwer, mir selbst ab und an wohlwollend etwas zu erlauben, auch wenn es nicht notwendig ist?

Für Foucault geht es in diesem Konzept der Selbstsorge, der *souci de soi*, darum, sich um sich selbst zu kümmern, auf sich selbst mit Sorgfalt zu achten. Selbstsorge ist eine Form der Lebenskunst, bei der ein Mensch sich bemüht, das Leben nach dem eigenen Entwurf auszurichten, ihm eine ganz eigene, unverwechselbare Form zu geben. Es geht um das schöpferische Gestalten des eigenen Lebens, um einen lebenslangen Prozess der Entdeckung und Formung der eigenen Individualität mit dem Recht und der Möglichkeit, sich selbst immer wieder zu verändern.

Selbstsorge steht in Verbindung mit Selbstwerdung und Selbsterkenntnis – als reflektierte Lebenspraxis. Für Foucault ist es eine ernsthafte, ausdauernde Arbeit an sich selbst, ein beständiges Gestalten und Formen eines eigenen Lebensstils. Es ist nichts Festgelegtes, sondern ein Prozess der Selbstformung und des lebenslangen Lernens, als »die Erfahrung einer Freude, die man an sich selbst hat. Wer es vermocht hat, endlich Zugang zu sich selbst zu finden, ist für sich ein Objekt der Freude«[15].

Die Sorge um sich umfasst bei Foucault alle Bereiche des Lebens: die Beziehung zu sich selbst, die Arbeit, Beziehungen zu anderen Menschen und auch die Sorge um sie sowie das politische Handeln. Gute Selbstsorge meint gerade nicht den egoistischen Rückzug in eine Wellness-Ich-AG. Foucault sieht die Zusammenhänge so: Indem ich mich mit mir selbst beschäftige, werde ich fähig, mich mit anderen zu beschäftigen. Weil ich gut für mich sorge, bin ich auch bereit, dem Gemeinwohl zu dienen, mich um andere zu kümmern.

Es kann hilfreich sein, sich einmal in Ruhe auf das Bedenken der verschiedenen Lebensbereiche, die gute Selbstsorge umfasst, einzulassen:

- Zunächst geht es gewiss um Fragen nach dem Verhältnis zum eigenen Körper und seinen Bedürfnissen zur Gesunderhaltung. Der Umgang mit Lebenszeit, mit Arbeitszeit, Freizeit, Auszeiten wäre zu bedenken und ebenso die Besonderheiten der gegenwärtigen Lebensphase.

- Beziehungsgestaltung, Partnerschaft, Ehe, Familie und Freundschaften haben in Bezug auf gute Selbstsorge ihre eigene Bedeutung und bedürfen der achtsamen Beziehungspflege.
- Es kann sehr aufschlussreich sein, mit den Augen eines Fremden die Gestaltung der eigenen Lebensräume, der Wohnung, des Arbeitszimmers zu betrachten und zu spüren, was sie über die Person, die hier lebt und arbeitet, mitteilen.
- Wichtig ist auch, die Grenzen der persönlichen Belastbarkeit zu kennen und zu beachten.
- Sich die Leit- und Vorbilder für den Beruf bewusst zu machen und ihre Gültigkeit zu überprüfen, kann helfen, sich von Druck und fremdbestimmten Erwartungen frei zu machen.
- Und schließlich geht es auf einer tieferen Ebene um Fragen nach dem Lebenssinn, um Spiritualität als Quelle (*res-source*) für das, was die Seele nährt.

Die folgenden Fragen können Ihnen helfen, in Bezug auf Ihre eigene gute Selbstsorge eine kleine Selbstdiagnose zu stellen, und Sie vielleicht dazu anregen, mehr auf sich selbst zu achten.

Mein gegenwärtiges Befinden und mein Maß an guter Selbstsorge

- Wie fühle ich mich gegenwärtig?
- Wann habe ich das letzte Mal geweint?
- Was erfreut mich? Worüber kann ich herzhaft lachen?
- Was ärgert mich?
- Welche Personen, Ereignisse, Tätigkeiten, Orte und Dinge geben mir Kraft, Lust, Mut?
- Was entzieht mir Kraft und Lebenslust, d. h. deprimiert mich?
- Was sagen meine Träume?
- Was belastet mich zurzeit besonders?
- Was sollte ich lassen?
- Was ängstigt mich?

- Wie schätze ich mich selbst ein: eher pessimistisch oder eher optimistisch?
- Welche Freudenbringer gibt es in meinem täglichen Leben?
- Was beruhigt, besänftigt und tröstet mich?
- Was sagt mir mein gegenwärtiges Lebensalter?
- Wie steht's mit meinem Vertrauen in mich selbst?
- Was kann ich gegenwärtig tun für mein seelisches Wohlbefinden?
- Welche weiteren wichtigen Fragen zu meinem seelischen Befinden sind noch zu stellen?

Gelassenheit

Gelassenheit galt in der Stoa als Lebenskunst. Gemeint war eine Form der Seelen- und Gemütsruhe, die gegenüber allen Schicksalsschlägen unerschütterlich war – ein Abstand zur Aufgeregtheit des Weltgetriebes. Der römische Philosoph Seneca beschrieb sie als eine Haltung innerer Festigkeit, ein einsichtsvolles, ruhiges Tun und Handeln.

Aufgeregtheit, Ärger und Angst sind der Gegenpol zu Gelassenheit, die auf die eigene innere Kraft vertraut. Zur gelassenen Haltung gehören Nachdenklichkeit und Besonnenheit.

Gelassenheit ist eine Lebenshaltung, die eingeübt werden kann. Sie hat nichts zu tun mit Gleichgültigkeit, Resignation oder Apathie. Ein Mensch, den diese Tugend auszeichnet, nimmt Anteil an allem, aber ohne sich zu verwickeln. Im Wort »Gelassenheit« steckt das »Lassen«: Menschen, Dinge, Situationen lassen zu können, ohne ständig etwas »machen« zu müssen. Vielleicht ist dasselbe gemeint, wenn heutige Menschen etwas als »cool« bezeichnen.

Es war vor allem der Mystiker Meister Eckhart, der den Begriff Gelassenheit besonders beschrieben hat. Bei ihm hat Gelassenheit die Bedeutung, alles Oberflächliche loslassen zu können, um innerlich frei und empfänglich zu sein für das Wesentliche. Und auch zum Wesentlichen der Liebe gehört das Den-anderen-lassen-Können. So heißt es bei Rilke in seiner Totenklage für Paula

Modersohn-Becker: »Wir haben, wo wir lieben, ja nur dies: einander lassen.«[16]

Gelassenheit gilt auch als ein wichtiger Teil der Altersweisheit. Es geht darum, Altes, Überlebtes loslassen zu können, fähig zu sein, zurückzutreten, Jüngeren den eigenen Platz zu überlassen, ohne Bedauern und mit Vertrauen und Zutrauen in die nächste Generation.

Zur Gelassenheit gehört, anderen etwas zu gönnen, mit einer wohlwollenden Großzügigkeit. Diese Haltung bezieht sich auf den Umgang mit sich selbst und mit anderen.

Gelassenheit hat auch zu tun mit der Kunst der Unterscheidung, welche Dinge man »not-wendig« selbst in die Hand nehmen und verändern kann und was sich in einer Situation als unabänderlich bzw. nicht beeinflussbar erweist. Es geht darum, das eine vom anderen unterscheiden zu können und mit dem Unabänderlichen zurechtzukommen, ohne seine Kräfte in einem sinnlosen Kampf zu verschleißen.

Gelassene Menschen akzeptieren auch schwierige Situationen so, wie sie sind. Sie bleiben stehen, laufen nicht vor den Herausforderungen weg. Sie lassen sich Zeit, vermeiden Hektik und schnelle Entscheidungen, wenn sie spüren, dass sie im Moment noch zu verwirrt und noch nicht entscheidungsfähig sind. Sie lassen ihren Gefühlen freien Lauf und erstarren nicht in zwanghafter Selbstkontrolle.

Gelassenheit bedeutet, sich selbst in Ruhe zu lassen, sich nicht den Kopf zu zergrübeln mit Sorgen um die Zukunft oder mit sinnlosen Selbstvorwürfen nach dem Motto: »Hätte ich doch ...« Wer ständig sorgenvoll grübelt, engt seine Sichtweisen ein, erwartet das Schlimmste, sieht keine Alternativen dazu und macht sich handlungsunfähig. Ein chinesisches Sprichwort sagt: »Du kannst nicht verhindern, dass die schwarzen Vögel der Sorge um deinen Kopf kreisen. Aber du kannst verhindern, dass sie auf deinem Kopf ihr Nest bauen.«

Gelassenheit ermöglicht auch, sich mit Erinnerungen an bestandene Schwierigkeiten und Krisen zu ermutigen. So kann man sich selbst in einem Entwicklungsprozess sehen und an den in früheren Krisenzeiten erworbenen Bewältigungskompetenzen anknüpfen.

Humor

Nicht zu unterschätzen ist die entspannende und Resilienz fördernde Wirkung von Humor und Lachen. Humor ist eine heitere Reaktion auf etwas Komisches, Witziges oder Absurdes, Misslungenes. Gemeinsam über etwas lachen zu können, schafft Verbindung und Gemeinschaft.

So wie es bei fast allen Völkern Märchen gibt, gibt es auch Witze und humorvolle Geschichten, die tradiert wurden, und entsprechend einen Glauben an die Heilkraft des Humors – zu Recht, denn heute wissen wir, dass über die Ausschüttung von Endorphinen beim Lachen das Immunsystem gestärkt wird und Menschen mit ausgeprägtem Humor und der Bereitschaft zum Lachen eine höhere Lebenserwartung haben.

Bereits ein Lächeln vermag Stresssymptome zu reduzieren. Lächeln und Lachen wirken auf das vegetative Nervensystem; Probleme und auch körperliche Schmerzen werden als weniger stark erlebt. Kurz: Humor stärkt das Wohlbefinden und eine optimistische Haltung zum Leben.

Wenn Sie es ausprobieren möchten, hier ein paar Kostproben aus den zahlreichen Geschichten über den sagenhaften Mullah Nasrudin, eine berühmte Narrenfigur der Weltliteratur.[17]

Mullah Nasrudin bekam eines Tages Besuch von einem Verwandten aus dem Hinterland, und dieser brachte als Gastgeschenk eine Ente mit. Sehr erfreut ließ Mullah Nasrudin die Ente zubereiten und teilte ein köstliches Mahl mit seinem Gast. In der Folgezeit kamen immer häufiger Leute vom Lande zu Nasrudin, jeder ein Freund oder Verwandter des Mannes, der ihm die Ente mitgebracht hatte. Weitere Gastgeschenke gab es nicht. Jeder erwartete, von Mullah Nasrudin entsprechend bewirtet zu werden. Eines Tages erschien wieder ein Fremder: »Ich bin der Freund des Freundes von dem Freund deines Verwandten, der dir die Ente mitgebracht hat«, stellte er sich vor. Und er setzte sich nieder und erwartete, wie alle anderen köstlich bewirtet zu werden. Mullah Nasrudin setzte ihm eine Schale mit heißem Wasser vor. »Was ist das?«, fragte der Gast erstaunt. »Das ist die Suppe von der Suppe von der Suppe von der Suppe von der Ente, die mir mein Verwandter mitgebracht hat.«

Mullah Nasrudin saß mit Freunden in einem Café, sie tranken, erzählten sich Dinge, die vorgefallen waren. Aufgeregt kam ein Mann ins Café gerannt und rief: »Mullah, Mullah, ich werde heiraten! Hast du denn eigentlich jemals ans Heiraten gedacht?« »Ja, natürlich«, sagte der Mullah. »Als ich jung war, da wünschte ich es mir sehr. Ich suchte nach der vollkommenen Frau und ich bin herumgereist, zuerst nach Damaskus. Und dort traf ich eine wunderschöne Frau. Sie war freundlich und sie war großzügig, und sie war spirituell sehr tief, aber – sie verstand überhaupt nichts von weltlichen Dingen. Ich bin weitergereist nach Isfahan, und dort traf ich eine Frau, die war sowohl weltlich als auch spirituell und schön in vielerlei Hinsicht, aber wir verstanden uns nicht besonders. Endlich kam ich nach Kairo. Nach langem Suchen, da fand ich sie dann: Sie war spirituell weit fortgeschritten und sie war anmutig, schön in jeder Hinsicht, und sie war sowohl in dieser Welt gut zu Hause als auch in der jenseitigen. Ich fand, ich hatte die vollkommene Frau gefunden.« »Ja und«, fragten die Leute, »hast du sie dann geheiratet?« »Nein«, sagte Nasrudin und zuckte die Schultern. »Sie wartete unglücklicherweise auf den vollkommenen Ehemann.«

Zu meinen Lieblingssprüchen gehört die folgende humorvolle Ermutigung:

Als Pechvogel darfst du dich erst dann bezeichnen, wenn du von Beruf Sargmacher bist und die Menschen nicht mehr sterben.

Und wie sieht es mit Ihrem Humor aus? Stellen Sie sich doch einmal die folgenden Fragen:

Mein Humor

- Was amüsiert mich?
- Was finde ich urkomisch?
- Was lässt mich, wenn ich daran denke, schmunzeln?
- Wie klingt es, wenn ich herzhaft lache?
- Was ist mein Lieblingswitz?

Spiritualität und Achtsamkeit als innere Kraftquellen

Spiritualität

In den letzten Jahren hat sich auch im Bereich der Psychologie die Einsicht durchgesetzt, dass spirituelle Bedürfnisse und Praktiken für Gesundheit und Wohlbefinden von Menschen von großer Bedeutung sind. Menschen, die einer Kirche oder einer anderen spirituellen Gemeinschaft angehören, erfahren in ihrem Alltag mehr Sinnhaftigkeit, sie zeigen geringere Beeinträchtigungen ihrer seelischen Gesundheit und können ein höheres Maß an Resilienz im Umgang mit Krisen und Schicksalsschlägen aktivieren.

Spiritualität ist eine geistige Orientierung, die religions- und konfessionsübergreifend ist. Sie bezieht sich auf Wert- und Sinnfragen und geht mit verschiedenen Formen der meditativen oder religiösen Praxis einher.

Besonders in Krisenzeiten ist es hilfreich, sich mit einer höheren Kraft, einem größeren Ganzen zu verbinden und sich als einen Teil zu sehen von dem, was alles umfasst. Zahlreiche Untersuchungen über resiliente Menschen haben aufgezeigt, dass ihre spirituelle Orientierung eine wesentliche Kraftquelle für sie ist.

Für viele heutige Menschen ist Spiritualität nicht kirchlich oder konfessionell bestimmt und nicht auf ein traditionelles Gottesbild bezogen. Sie spüren ihre Verbundenheit mit dem größeren Ganzen in der Natur, bei meditativen Übungen, machen spirituelle Erfahrungen in der Liebe, in der Zuneigung zu anderen Menschen, in der Sinnhaftigkeit ihres Tuns. Sich bewusst darauf zu besinnen, ein Teil des Lebens zu sein, hilft ihnen, gelassener zu werden und Ruhe und Frieden im eigenen Herzen zu finden. Auch die Beschäftigung mit den Weisheitstexten der Weltliteratur kann ihnen dabei helfen, ihrem Leben Sinn zu verleihen und ihr Tun an gültigen Werten zu orientieren.

Die Analytische Psychologie geht davon aus, dass es in Menschen ein spirituelles Grundbedürfnis gibt. Viele heutige Menschen sind auf der Suche, da für sie die herkömmlichen religiösen Antworten und Formen nicht mehr zufriedenstellend sind. Es ist eine Suche nach Lebenssinn, nach dem umfassenden Ganzen, nach dem Göttlichen, dem Absoluten, dem Transzendenten. Der Intellekt erreicht diese Themen nicht. Werden solche Bedürfnisse einfach beiseitegeschoben, wird das Leben oft flach und sinnleer.

Insbesondere in Krisen und schicksalhaft veränderten Lebenssituationen tauchen die Themen Leben, Sterben und Tod auf. Gelebte Spiritualität schützt nicht vor Krisen und Schicksalsschlägen, kann aber in Situationen, die mit der Bewältigung von Verlusten, mit Leid und Trauern zu tun haben, Hoffnung und Trost stärken.

Heutzutage gehören alle spirituellen Erfahrungswege – etwa Yoga, Zen-Meditation, christliche Kontemplation, tibetische Meditationsformen oder die Sufi-Praxis – zu einem allen Menschen zugänglichen Kollektiverbe der Menschheit. In allen spirituellen Traditionen geht es letztlich darum, das menschliche Potential an Mitgefühl, Verbundenheit und Liebe zur Entfaltung zu bringen und die »Wirklichkeit hinter der Wirklichkeit« zu entdecken.

Achtsamkeit

Ein zentrales Stichwort bzw. Konzept verschiedener spiritueller Richtungen und Schulungswege ist »Achtsamkeit«. Dieses Wort begegnet uns heute aber auch in vielen anderen Kontexten – im Bereich der Psychologie hat es eine große Bedeutung erlangt.

Vielleicht zeigt die außerordentliche Karriere des Achtsamkeitskonzepts aber auch eine Veränderung im Zeitgeist, im kollektiven Bewusstsein an, vielleicht geht es um ein gestiegenes Bewusstsein. Wir leben in einer Zeit und Kultur, die gedankenlos und unachtsam mit vielen Erscheinungsformen des Lebens umgeht, uns immer wieder in Hektik und Aktivitätsstrudel hineinzieht und uns atemlos macht. Hier kann Achtsamkeit ein wichtiger Gegenpol sein.

Was ist das Gegenteil von Achtsamkeit? Unachtsamkeit, Stress, Hektik, Unaufmerksamkeit, mehreres gleichzeitig tun (Multitasking), kurz:

- ein generalisiertes ADHS-(Aufmerksamkeitsdefizit-Hyperaktivitäts-)Syndrom,
- ständig etwas machen müssen,
- nicht einfach im Seins-Modus sein.

Achtsamkeitsschulung ist ein alter Bestandteil spiritueller Übungen. Wir finden sie im Taoismus, im Buddhismus, im Sufismus und auch in der christlichen Mystik. Ganz besonders differenziert sind jedoch die Anleitungen und die Praxis der Achtsamkeit im Buddhismus. Achtsamkeit gilt als spirituelle Übungspraxis, die in die Bewusstseinserweiterung führt. Sie ermöglicht eine vertiefte Innenschau und Selbsterkenntnis, wenn sie kontinuierlich geübt wird, und hilft auf dem Weg zur Erleuchtung.

Achtsamkeit hat vor allem vier wichtige Teile:

1. *Bewusste Lenkung der Aufmerksamkeit*
   Jeder Mensch hat die Fähigkeit zur Aufmerksamkeit; im Allgemeinen erfolgt ihre Lenkung jedoch automatisch und wenig bewusst. Achtsamkeit bedeutet eine bewusste Lenkung der Aufmerksamkeit.
2. *Achtsamkeit als Präsenz im jeweils gegenwärtigen Moment*
   Im Allgemeinen sind wir ständig auf einer Zeitreise, sind in der Vergangenheit oder springen in die Zukunft. Mit Achtsamkeit sind wir bemüht, möglichst ganz im »Hier und Jetzt« zu sein.

3. *Akzeptanz des Erlebens*
   Wir sind es gewohnt, ständig zu bewerten, zu beurteilen, wir kritisieren, loben, tadeln. Achtsamkeit geht einher mit einer inneren Haltung, das Gegenwärtige zunächst einmal so anzunehmen, wie es ist.
4. *Abstand durch inneres Beobachten*
   Ein innerer Beobachter, der durch Achtsamkeit entstehen kann, ermöglicht Abstand zum Beobachteten und erlaubt, aus Identifikationen herauszutreten. Es geht darum, Beobachtetes und Beobachter auseinanderhalten zu können, d.h. um eine Differenzierung der Bewusstseinsinhalte vom Bewusstsein. Dann sind Gedanken nur noch Gedanken, Gefühle nur noch Gefühle, Körperempfindungen nur noch Körperempfindungen.

Im klinischen Bereich werden therapeutische Achtsamkeitsübungen erfolgreich eingesetzt bei der Behandlung von Stress, Depression, bei Angstsymptomen und ebenso in der Schmerztherapie.

Wie lernt man Achtsamkeit? Durch übende Praxis – so wie man Autofahren durch Autofahren lernt oder Klavierspielen durch Klavierspielen. Achtsamkeit lernt man durch bewusstes Beachten der Innen- und Außenwelt.

Was können wir gewinnen, wenn wir uns mehr um Entschleunigung und Achtsamkeit bemühen?

- Wir nehmen Veränderungen im Körper sensibler wahr,
- wir verlieren uns weniger in Grübeleien, Tagträumen oder Zukunftsängsten,
- wir essen nicht einfach irgendetwas, ohne zu merken, was und wie viel wir essen,
- wir bekommen mehr mit von dem, was um uns herum geschieht,
- wir können eher merken, wenn wir schon wieder in die alten Muster fallen, »im Autopilot« sind,
- wir machen weniger Dinge halbherzig,

- wir gehen mit uns selbst und anderen sorgsamer und vielleicht liebevoller um.

Auf Achtsamkeit als bedeutsame Lebenshaltung verweist auch schon der jüdische Talmud:

Achte auf deine Gedanken,
denn sie werden Worte.

Achte auf deine Worte,
denn sie werden Handlungen.

Achte auf deine Handlungen,
denn sie werden Gewohnheiten.

Achte auf deine Gewohnheiten,
denn sie werden dein Charakter.

Achte auf deinen Charakter,
denn er wird dein Schicksal.

2. Krisen und schwierige Lebenssituationen verstehen

Man muss Geduld haben gegen das Ungelöste im Herzen und versuchen, die Fragen selber lieb zu haben.
RAINER MARIA RILKE

Was ist eine Krise?

Im Bereich der Psychologie sind Krisen ein zentrales Thema. Lebenskrisen entstehen in psychischen Konfliktsituationen. Teilweise sind sie in der körperlichen und seelischen Entwicklung vorprogrammiert, wie z. B. Pubertätskrisen, Alterskrisen und die Krisen in der Lebensmitte; teilweise werden sie durch äußere Ereignisse mit bedingt, wie z. B. Arbeitslosigkeit, Trennung, Krankheit, Verlust eines Partners oder eines Kindes, Tod. Krisen können auch durch die Spannungen und Konflikte verursacht werden, die zwischen den Polaritäten des Lebens entstehen: Freiheit und Bindung, Autonomie und Abhängigkeit, Werden und Vergehen, Liebe und Hass, Vereinigung und Trennung.

Unerwartete und plötzliche Lebensveränderungen versetzen viele Menschen in einen Zustand von Angst, Hilflosigkeit und Ohnmacht. Sie verlieren das innere Gleichgewicht, das Vertrauen ins Leben ist erschüttert, die Ordnung des Lebens ist gestört. Gefühle werden wie im Auf und Ab einer Achterbahnfahrt erlebt: Angst, Wut, Verzweiflung, Zorn, Ohnmacht, Optimismus und Hoffnung folgen in raschem Wechsel – ein inneres Chaos herrscht vor.

Die Betroffenen sind oft nicht in der Lage, sich auf die veränderte Situation einzustellen und die notwendigen Handlungsschritte zu unternehmen. Sie fühlen sich überfordert, da die Lebensveränderungen mit den bisherigen Fähigkeiten nicht einfach bewältigt werden können und als bedrohlich erlebt werden. So geraten sie in einen psychischen Ausnahmezustand.

Die Auslöser für eine seelische Krise können sehr unterschiedlich sein:

- der Diebstahl von Geld und Ausweispapieren in der Straßenbahn,
- die Diagnose Krebs bei einer Routineuntersuchung,
- die Ankündigung der Trennung durch einen Partner,
- der Verkehrsunfall, bei dem ein Familienmitglied schwer verletzt worden ist,
- ein Suizid im Freundeskreis,
- der Umzug ins Altersheim.

Von seelischen Krisenzuständen ist der ganze Mensch in Mitleidenschaft gezogen; Körper, Geist und Seele sind betroffen. Seelische Krisen sind immer ein subjektives Phänomen. Nicht die objektive Schwere eines Problems ist entscheidend, sondern das subjektive Erleben. Was den einen Menschen in eine tiefe Krise stürzt, kann ein anderer verarbeiten, ohne in einen Krisenzustand zu geraten.

Krisen haben immer mit notwendigen Veränderungen und Wandlungsprozessen zu tun. Die alten Chinesen haben um diese Zusammenhänge gewusst: Ihre taoistische Philosophie bringt ein besonderes Verständnis für Wandlung und Veränderung im Kräftespiel der Polaritäten Yin und Yang zum Ausdruck. Das chinesische Wort für Krise *Wei Ji* setzt sich aus den Schriftzeichen für Gefahr und gute Gelegenheit, Chance, zusammen. Krisenzeiten sind also immer Gefahren- und Chancenzeiten. Krisen sind Grenzsituationen, Zeitpunkte, in denen der Mensch als Ganzes in Frage gestellt ist und eine Veränderung erfährt, aus der er als ein anderer hervorgeht.

Eine Krise bedeutet: Gefahr, Entscheidung, Höhepunkt, Umschlagpunkt, und auch wenn man sie positiv als Chance für Entwicklung, Wachstum und Reife sehen kann, wird sie von den Betroffenen keineswegs als positiv erlebt. Sie ist eine negative Zustandsänderung, vor der sich niemand schützen kann, und wenn sie einen Menschen trifft, fühlt er sich aus der Bahn geworfen, ist er oft hoffnungslos und verzweifelt. Krisen sind Situationen der Zuspitzung, in denen Menschen oft von Panik und Angst ergriffen werden und keinen Ausweg mehr sehen.[18]

Von einer Krise sprechen wir psychologisch dann, wenn ein Ungleichgewicht besteht zwischen der subjektiven Bedeutung eines Problems und den zur Verfügung stehenden Bewältigungsmöglichkeiten. Es ist ein Zustand, der gekennzeichnet ist durch den Verlust der Homöostase, durch ein Ungleichgewicht zwischen den Fähigkeiten und Kräften zur Problemlösung und einer vorhandenen Situation. Verschiedene Arten von Krisen sind zu unterscheiden: z. B. Entwicklungs- und Reifungskrisen, Anforderungskrisen, suizidale Krisen, Verlust- und Trauerkrisen, Krisen durch Unter- bzw. Überstimulierung, Krisen bei schweren, evtl. unheilbaren Krankheiten, spirituelle Sinnkrisen.

Was Krisen auslöst und sie verstärkt

In der psychologischen Forschung hat man untersucht, welche Ereignisse als besonders krisenhaft erlebt werden. Es wurden bestimmte Krisenwerte ermittelt und die Situationen auf einer Skala entsprechend aufgelistet.[19] An erster Stelle, mit dem Wert 100, steht in der von Holmes und Rahe erarbeiteten Liste der Tod des Ehepartners, danach folgen Scheidung und Trennung vom Partner, Tod eines nahen Angehörigen, eigene Erkrankungen und Verletzungen, der Verlust des Arbeitsplatzes bzw. der Rückzug aus dem Arbeitsleben, finanzielle Nöte wie Schulden, Schwierigkeiten mit Familienangehörigen, Gefängnisstrafen, Schwangerschaften (insbesondere unerwünschte), Wohnungswechsel, Umzüge, Schulwechsel, Schulbeginn und Schulabschlüsse, der Auszug von Söhnen und Töchtern aus der Familie und im unteren Skalenbereich dann kleinere Gesetzesübertretungen und Zeiten wie Urlaub und Weihnachten. Letztere Krisenauslöser sind allerdings keineswegs zu unterschätzen, wie Mitarbeiterinnen und Mitarbeiter in Ehe- und Lebensberatungsstellen wissen.

In dieser Skala sind noch keine Ereignisse benannt, wie wir sie heute zunehmend häufiger vorfinden: Krisen, ausgelöst durch Traumatisierungen aufgrund von Gewalterfahrungen, z. B. nach sexuellem Missbrauch und Mobbing-Erfahrungen im Beruf.

Stress in Krisensituationen

Ein lebensveränderndes kritisches Ereignis kann ein hohes Maß an Stressreaktionen auslösen. Es entsteht eine starke Übererregung neuronaler Strukturen. Besonders betroffen ist das sogenannte Limbische System, das man auch als »Emotionszentrum« bezeichnen kann. Es kommt zu einer akuten »Alarmreaktion«, da die Situation als bedrohlich und beängstigend wahrgenommen wird. Dabei kann die übliche Informationsverarbeitung so blockiert sein, dass Menschen nichts mehr aufnehmen können, Informationen sie überhaupt nicht erreichen. Dies kann z. B. bei der Mitteilung einer Krebsdiagnose passieren.

Im Kontext von Krisen kann man alle Ereignisse, die mit Gefühlen von Bedrohung, Verlust und mit psychischen Beschädigungen verbunden sind, als Stress auslösende Faktoren betrachten. Stress ist eine Alarmreaktion des ganzen Menschen. Die gewohnten Formen der Stressregulation wirken nicht mehr. Wie stark das Ausmaß an Stressbelastung in einer kritischen Situation wird, ist jedoch von Person zu Person sehr unterschiedlich. Ein und dasselbe Ereignis kann im individuellen Lebenskontext höchst unterschiedlich erfahren und bewertet werden: Das Schulversagen eines Kindes wird in der einen Familie als außerordentliche Belastung mit hohem Stress erlebt, in einer anderen wird damit ruhiger und gelassener umgegangen, ohne dass es zur Krise kommt. Der Stress ist in der Regel umso höher, je mehr ein Ereignis die gewohnten Lebensabläufe verändert und je größer der Energieaufwand zur Bewältigung der Situation ist.

Stress in Krisensituationen ist ein Belastungserleben der ganzen Person, hat zu tun mit dem Missverhältnis zwischen dem, was die Situation erfordert, und den nicht verfügbaren Handlungsmöglichkeiten.

Die meisten körperlichen Stressreaktionen werden nicht bewusst registriert, sondern laufen unbewusst ab. Der Körper steht unter Dauerbelastung, Hormone wie Cortisol, Adrenalin und Noradrenalin werden vermehrt ausgeschüttet. Wenn dann in der Krisensituation keine Entspannungsphasen folgen, ist der Körper in einem Zustand von Daueralarm, der seine Energiereserven aufzehrt. Anzeichen für Stress sind vor allem: Nervosität; Konzentrationsschwierigkeiten; Vergesslichkeit; Schwierigkeiten, Entscheidungen zu treffen; Unruhe, die mit starker Angst verbunden ist; das Erleben der Anforderungen als Überforderung.

Grundsätzlich kann Stress zwar auch aktivierend und befreiend wirken. Diese Art Stress wirkt nicht schädlich und wird »Eustress« genannt. In kritischen Lebensphasen ist der situativ erlebte Stress jedoch vor allem Disstress, »negativer Stress«, der sich auch auf das Immunsystem schädlich auswirken kann.

Die Burnout-Krise[20]

Eine besondere und nicht plötzlich auftretende, sondern sich langsam einschleichende Krise ist das sogenannte Burnout-Syndrom. Burnout ist ein Prozess des Verlustes von Resilienzkräften. Es kann sich entwickeln über andauernde berufliche Belastungssituationen, die mit negativen Gefühlen verbunden sind.

Menschen, die »ausgebrannt« sind, befinden sich in einem Zustand dauernder Müdigkeit und Lustlosigkeit, sie sind überreizt, schwanken zwischen aggressiven und depressiven Reaktionen, ihre geistige Leistungsfähigkeit, ihre Motivation und ihre Kreativität haben stark nachgelassen, sie machen häufig Fehler und versuchen, dies mit vermehrter Anstrengung auszugleichen. Der Körper meldet sich mit psychosomatischen Symptomen, z. B. Rückenschmerzen und Schlafstörungen.

Menschen in einer Burnout-Krise sind schon lange »im roten Bereich«, was ihr Energieniveau angeht. In einem technischen Bild: Ihre Akkus sind leer. Das Gefühl sagt: »So kann's mit mir nicht mehr weitergehen.« So war es auch bei Alfred Meier[21]. Aus dem schleichenden Burnout war eine umfassende Lebenskrise geworden.

Alfred Meier meldet sich zur Psychotherapie nach dem zweiten Hörsturz. Er leidet seitdem so stark an Tinnitus, dass er arbeitsunfähig ist, sowie an Depressionen.

Er ist bei einem großen Wohlfahrtsverband in leitender Position tätig, in den letzten Jahren hat er immer mehr Aufgabenbereiche übernehmen müssen, wegen Stellenkürzungen hatte sich sein Verantwortungsbereich ständig erweitert. Eigentlich fühlt er sich seit langem müde, lustlos und energielos, aber sein innerer Antreiber lässt ihn nicht zur Ruhe kommen. Seine Zukunftsängste werden immer stärker, die Angst zu versagen, seinen Aufgaben nicht mehr gewachsen zu sein, nimmt zu.

Streng protestantisch erzogen, haben Arbeit und Pflichterfüllung, Einsatz für andere sein Leben bestimmt. Unfähig, sich gegen immer mehr Anforderungen und Leitungsaufgaben zu wehren, ist sein Privatleben auf der Strecke geblieben: »Ich habe meine Frau und meine Kinder irgendwie aus den Augen verloren«, entdeckt er jetzt.

Auf eigene Bedürfnisse, Wünsche und Interessen (seine Liebe zur Musik) hört er nicht mehr. Der Hörsturz mit dem Tinnitus hat sozusagen die Notbremse gezogen. Er spürt, dass eine Kurskorrektur ansteht, er gerät immer mehr unter Druck, Schlaflosigkeit, psychosomatische Symptome verstärken sich, er wird immer depressiver.

Ein typischer Fall von Burnout durch Überforderung, bei

dem er sich selbst von seinen regenerativen Kraftquellen – Erholung, Zeit für Musik, Pflege von Beziehungen – immer weiter entfernt hat.

Burnout ist ein Reaktionssyndrom, das mit den Arbeitsbedingungen und Organisationsstrukturen, der Lebensweise und mit persönlichen Eigenschaften zusammenhängt. Das Ausbrennen kann als ein Prozess beschrieben werden, der in verschiedenen Phasen abläuft. Die Intensität der Beeinträchtigung der Leistungsfähigkeit ist abhängig von der beruflichen Situation, in der sich der Betroffene befindet, sowie von seiner Persönlichkeit. Wichtig ist auch, wie schnell die Gefahr des Ausbrennens erkannt wird, Gegenmaßnahmen erfolgen und Resilienzkräfte aktiviert werden.

Menschen, die ausbrennen, weisen nicht nur ein einziges Merkmal des Ausbrennens auf. Vielmehr treten oft mehrere Faktoren parallel auf. Die Stärke der auftretenden Merkmale ist individuell und situativ unterschiedlich. Zu differenzieren ist zwischen Symptomen körperlicher, emotionaler und geistiger Erschöpfung.

Merkmale körperlicher Erschöpfung sind unter anderem Energiemangel, chronische Müdigkeit, erhöhte Anfälligkeit für Krankheiten, häufige Kopfschmerzen, Übelkeit, Verspannungen, Rückenschmerzen, Veränderung der Essgewohnheiten.

Emotional erschöpfte Menschen fühlen sich niedergeschlagen, hilf- und hoffnungslos. Sie haben das Gefühl, nichts mehr geben, keine Gefühle mehr investieren zu können, die Reserven, die sie noch haben, zur Bewältigung des Alltags zu benötigen. Unter Umständen bedeuten selbst Familie und Freundeskreis keine Kraftquellen und Ressourcen mehr, sondern werden nur noch als weitere Anforderungen empfunden.

Geistige Erschöpfung bedeutet die Entwicklung negativer Einstellungen zum Selbst, zur Arbeit, zum Leben im Allgemeinen. Betroffene fühlen sich unzulänglich, minderwertig, ihren Aufgaben nicht mehr gewachsen, sie fühlen sich als Versager, alles erscheint ihnen sinnlos.[22]

Im Prozess des schleichenden Ausbrennens kommt es zu einem immer gravierender werdenden Verlust an Fähigkeiten zur Regeneration und zum Ausgleich von Belastungen, es kommt zum Dauerstress. Auch die Resilienzkräfte sind erschöpft.

Besonders bedroht von Burnout sind Menschen in helfenden und pädagogischen Berufen, die viel Beziehungsarbeit und Beziehungsorientierung verlangen. In diesen Berufen ist die Gefahr groß, dass die Betroffenen negative und dehumanisierende Einstellungen gegenüber ihren Klienten entwickeln. Sie nehmen ihr Gegenüber nicht mehr als einen individuellen Menschen mit Gefühlen, Bedürfnissen und Persönlichkeit wahr, sondern vielmehr als Ansammlung von Problemen. Sie können sich nicht mehr einfühlen, haben keine Empathie mehr zur Verfügung und flüchten sich oft in Zynismus, Selbst- und Fremdabwertungen. Es sind oft die besonders engagierten und leistungsorientierten Menschen, die von Burnout bedroht sind.[23]

Was war im Fall von Alfred Meier hilfreich bei der Bewältigung seiner Burnout-Erkrankung?

- Eine Auszeit vom Beruf in einer Kur – hier ging es vor allem um die Aktivierung seiner Resilienz,
- Veränderungen im beruflichen Bereich, Reduktion von Zuständigkeiten und Delegation von Arbeitsbereichen mit Hilfe von Supervision,
- die Auseinandersetzung mit der Ehe- und Familiensituation und das Zulassen der Ehekrise,
- die Auseinandersetzung mit grundlegenden Fragen von Werten und Fragen des Lebenssinns,
- die Aktivierung seiner Resilienzkräfte, vor allem durch die Hinwendung zur Musik, die für ihn eine besondere Kraftquelle ist,
- insgesamt zu lernen, für sich selbst gut zu sorgen.

Vielleicht mögen Sie an dieser Stelle einmal innehalten und sich selbst zum Thema Burnout befragen:

Wie steht es um meine Burnout-Gefährdung?

- Was sind meine hauptsächlichen Kraftquellen? Wie pflege ich sie?
- Was sind meine schlimmsten Energieräuber?
- Wie achtsam und sorgsam gehe ich mit mir selbst um bzw. wo stecke ich in Situationen von Dauerstress, Überforderung und Burnout-Gefährdung?
- In welchen Bereichen vernachlässige ich die Sorge um mein eigenes Wohlbefinden?
- Wie gesund bzw. ungesund ist mein Lebensstil, meine Work-Life-Balance?
- Bin ich bereit, aus Einsicht und Selbsterkenntnissen Konsequenzen zu ziehen? Welche? Wann? Wenn nicht jetzt, wann dann?

Lebenskrisen bei Trennung, Scheidung und Tod

Das Erleben von Ohnmacht, das Ausgeliefertsein an einen Zustand des Selbstverlusts, ist ein zentrales Gefühl des Leidens an Trennungskrisen. Leiden hat eine physische, psychische, soziale und spirituelle Dimension. Wir erleben Schmerz, physische und psychische Auflösung, Isolation, Verlassensein, Ausgestoßensein, Verzweiflung, Scheitern; wir geraten in die Bannmeile des Todes. Alles, was bislang dem Leben Sinn gab, ist leer und nichtig geworden, hat sich vielleicht als Illusion, als Irrtum erwiesen, das Vertrauen ins Leben ist grundlegend erschüttert.

Die Wege in diese Erfahrung des Nichts können sehr verschieden sein:

- der plötzliche Verlust des Partners, mit dem man am Morgen noch gefrühstückt hat und der auf dem Weg zur Arbeit tödlich verunglückt,
- das langsame Sterben des eigenen Kindes an Leukämie,
- das Brüchigwerden und Verstummen nebeneinander an endlosen Abenden, eingesperrt in ein enges Hochhausapartment.

Trennungen bringen Menschen in einen Zustand von Hilflosigkeit. Alle Lebenskräfte scheinen zu versiegen, das Weiterleben erscheint wie eine sinnlose Qual, eine Aneinanderreihung von leeren Tagen. Man balanciert am Rand eines riesigen schwarzen Lochs, droht abzustürzen, Gedanken an Selbstmord tauchen auf. Das Leben rings um uns herum geht ohne uns weiter, wir fühlen uns überflüssig, nutzlos, nicht lebensfähig. »Es ist alles aus. Nie mehr werde ich glücklich sein. Ich bin ein totaler Versager.«

Trennungen als Wandlungs- und Reifungsprozess

Trennungen von Menschen, die uns lieb sind, die wir geliebt haben – Partner, Eltern, Kinder und andere nahe Menschen –, können uns in tiefe seelische Krisen stürzen. Aber auch unterhalb der Krisenschwelle ist unser Leben ständig von Verlusten und Trennungen bestimmt: Lebenszeit ist unwiederbringlich verloren, Lebensphasen wie die Kindheit gehen zu Ende; wir verlieren Träume, Ideale, Lebensziele und Hoffnungen, Freundschaften und Geborgenheiten, Orte, an denen wir uns wohl und sicher gefühlt haben, Rollen und Aufgaben, die uns Identität gaben. Vor Verlusten können wir uns trotz aller Beteuerungen der Versicherungsgesellschaften nicht schützen und versichern. Alles im Leben ist potentiell von Verlust bedroht. Leben ist nur möglich als »abschiedliche Existenz«[24], wie der Philosoph Wilhelm Weischedel es formulierte.

Trennungen, Verluste und Ablösungen, wie z. B. die von den Eltern, sind immer Bestandteil des Lebens, und erst das Loslassen-Können alter, überholter und vergangener Lebenssituationen macht unser befristetes Leben möglich und sinnvoll.

Verlusterfahrungen sind unvermeidbar. Nur dadurch, dass wir Altes verlieren, verlassen und aufgeben, entwickeln wir uns weiter. Somit ist jede Trennungskrise auch zugleich ein möglicher Entwicklungs- und Reifungsschritt.

Von entscheidender Bedeutung sind dabei frühkindliche Liebes- und Trennungserfahrungen. Diese frühen Erfahrungen werden oft unbewusst auch in späteren Situationen mit Partnern wiederholt. Wir flechten in unsere gegenwärtigen Beziehungen immer wieder die Fäden der Vergangenheit ein, konstellieren die früheren Formen des Geliebt- und des Abgelehntwerdens erneut, wiederholen die Vergangenheit im Versuch, diese nachträglich zu bewältigen, zum Abschluss zu bringen und zu verändern. Der Wiederholungszwang, wie Freud es nannte, ist somit auch eine Chance zur Bewältigung.

Verlust durch Scheidung

Scheidung, der eheliche Tod, bedeutet für manche Menschen einen ebensolchen Verlust wie der Tod eines Partners. Leid, Verzweiflung, Sehnsucht, Verleugnung und Schuldgefühle können ebenso groß, das Gefühl, im Stich gelassen zu sein, noch größer und bitterer sein: »Er oder sie hat mich verlassen, er/sie hat es getan, hätte es aber nicht tun müssen!« Scheidung löst oft mehr Wut aus und ist unter Umständen schwieriger zu bewältigen, denn sie verlangt, um jemanden zu trauern, der nicht an sich, sondern nur für mich gestorben ist. Manche Menschen können durch den Verlust des Lebensgefährten dauerhafte Beschädigungen erleiden. Die Situation des Verlassenseins kann das Ich-Gefühl der Betroffenen schwer beeinträchtigen.

Tod und Trauern

Wie jemand aus dem schwarzen Loch des Verlustes, der Erfahrung des Nichts herauskommt, hängt wesentlich ab von der Art des Trauerns, der zu leistenden Trauerarbeit. Die Trauer ist abhängig davon, wie wir uns mit der Realität der Sterblichkeit von Menschen, Beziehungen, Freundschaft und Liebe auseinandergesetzt haben.

Trauer ist ebenso wie Tod und Leid noch weitgehend tabuiert, Kollektiv wie individuell werden Abwehrmechanismen der Verleugnung aktiviert. Trauer ist jedoch mit Abwehrvorgängen nicht zu vereinbaren. Diese haben den Zweck, Realitätseinsicht und Schmerz zu vermeiden. Trauerarbeit hingegen ist mit Schmerz verbunden. Es ist ein Zerreißen der Bindungen, ein Bloßlegen der tiefen Verwundungen im Selbst. Trauern ist ein Prozess der Anpassung und Verarbeitung der Verluste, die das Leben uns abverlangt, ein schmerzreicher Vorgang der inneren Ablösung und Loslösung.

Grundsätzlich gehört Trauern zum Leben. Es ist die natürliche und notwendige, d.h. Not wendende Reaktion der ganzen Person, um das verlorene innere Gleichgewicht wiederzuerlangen, um auf die nächste Lebensstufe zu gelangen. Trauer ist unerlässlich. Sie kann nicht einfach ausgelassen oder verdrängt werden. Die Zeit allein heilt nicht, sondern versteinert nur. Verdrängte, vermiedene, unausgedrückte und vor allem ungelebte Trauer kann das Entstehen von Krankheiten, ihre Ausprägung und ihren Verlauf beeinflussen. Auch hier sind die resilienten Kräfte besonders gefordert, um den Weg in eine neue Lebensphase zu finden.

Trauern führt zu einer kreativen Rückkehr ins Leben – was nicht bedeutet, dass es nicht immer wieder Zeiten des Schmerzes und der Tränen gibt, Zeiten des bitteren Vermissens. Aber die Lebensenergie richtet sich wieder auf das Leben. Trauerprozesse verlaufen nicht geradlinig, sondern zyklisch, alte Phasen können immer einmal wiederkehren, aber insgesamt kann man wieder leben, ohne an die Vergangenheit gebunden und fixiert zu sein.

Unterdrückte Trauer

Unterbliebene oder unterdrückte Trauer hingegen kann bleibende Schäden hinterlassen, sie ist eine besondere Art von Leichengift. Verleugnete Trauer bindet Lebensenergie, lässt etwas in uns versteinern.

Kummer und Trennungsschmerz müssen durchlebt und ausgedrückt, d.h. nach außen gebracht werden. Shakespeare, einer der größten Psychologen der Literaturgeschichte, wusste dies bereits: »Gib Worte deinem Schmerz. Gram, der nicht spricht, presst das beladene Herz, bis dass es bricht«, heißt es in *Macbeth* (4. Akt, 3. Szene). Die Vermeidung des Verlustschmerzes aus Angst, dann nur noch zu zerfließen, nicht mehr aufhören zu können, ist falsch und beinhaltet die Gefahr, dass Trauer chronisch wird. Chronifizierte Trauer führt zu einer Art Zombie-Dasein, das die Betroffenen selbst oft nicht an sich wahrnehmen, sie sind lebendig und doch in weiten Bereichen ihrer Psyche abgestorben.

Die Bedeutung von Angst in Krisen

Angst ist ein typisches Begleitphänomen von Lebenskrisen. Angst kennen wir alle. Sie ist eine Grunderfahrung von Beginn des Lebens an. Angst kann vor Gefahren warnen und war für die Menschen früherer Zeiten eine wesentliche Überlebenshilfe: Sie erhöht Aufmerksamkeit und Achtsamkeit, mobilisiert im Organismus Flucht- bzw. Kampfbereitschaft und ist somit ein biologisch sinnvolles Reaktionsmuster, das dem Leben dient – von der Geburt bis zum Tod.

Obwohl Angst ein ebenso natürliches Grundgefühl ist wie Freude, ist das Eingestehen von Ängsten in unserer Gesellschaft schwierig. Ängste werden heute schnell in den Bereich der Störungen geschoben, und Angst zu haben und zu zeigen, ist unangenehm. Ängste widersprechen dem zeitgemäßen Ideal, immer fit, immer gut drauf zu sein, selbstbewusst die Dinge anzufassen, nicht zu zeigen, wenn man sich ängstlich und bedroht fühlt. Angst gilt als Schwäche, die nicht eingestanden werden darf. Vermeidung, Verdrängung und Leugnung werden daher oft als Abwehrmechanismen eingesetzt.

Angst wird häufig im sozialen Rückzug bis zur Isolation verborgen, z. B. bei Selbstmordgefährdeten. Angst vor Leistungsansprüchen und Versagen wird vielfach mit Hilfe von Medikamenten überdeckt. Schon Schulkinder konsumieren in erschreckendem Maße Beruhigungsmittel, um dem wachsenden Schulstress und der Versagensangst nicht so ausgeliefert zu sein. Erwachsene betäuben ihre Ängste oft mit Alkohol, ohne verhindern zu können, dass ihnen die Angst in Krisensituationen den Boden unter den Füßen wegzieht und sie wie eine Flutwelle erreicht und zu überschwemmen droht.

Lebenskrisen und die Frage nach dem Sinn[25]

Die Sinnfrage bricht besonders auf in den Übergangssituationen, Krisen und Bruchstellen des Lebens, beim plötzlichen Verlust eines geliebten Menschen oder der Diagnose einer lebensbedrohlichen Krankheit. Sie gehen einher mit Gefühlen des existentiellen Ausgeliefertseins, der Ohnmacht und Gefahr; sie können die Ich-Identität eines Menschen schwer erschüttern. Schwere Lebenskrisen und die Unfähigkeit, sie mit den eigenen Mitteln zu bewältigen, sind häufig der Anlass, therapeutische Hilfe und Begleitung zu suchen. Es sind vor allem die Krisen und Grenzfälle des Lebens, die Menschen nach Schicksal, Sinn und Unsinn des Lebens fragen lassen.[26]

Die Suche nach Sinn, nach einem tragenden Grund, ist ein tiefes A-priori-Bedürfnis des Menschen. Es geht darum, die persönliche Antwort auf die Sinnfrage zu finden, die Antwort, die mich trägt und die mir hilft zu leben in der Bejahung: Es ist gut, dass ich bin.

Aus Sicht der Analytischen Psychologie ist der Mensch dasjenige Wesen, das für sein Leben Sinn sucht und braucht. C. G. Jung sagt:

> Wie der Körper der Nahrung bedarf, und zwar nicht irgendwelcher, sondern nur der ihm zusagenden, so benötigt die Psyche den Sinn ihres Seins [...].[27]

Er verstand viele seelische Erkrankungen als Ausdruck von Sinn- und Selbstverlust, als »ein Leiden der Seele, die ihren Sinn nicht gefunden hat«[28].

Krise und Entwicklung im Sinne der Individuation gehören zusammen. Wer seiner Krise Sinn abgewinnen kann, einen verborgenen Sinn darin zu entdecken vermag, hat am Ende das Gefühl, eine Lebensprüfung bestanden zu haben, daran gewachsen, gereift zu sein. Der Sinn, den wir suchen, liegt nicht im Außen, in den Ereignissen oder in einem äußeren erkennbaren Zweck, sondern in der Einsicht, dass der Lebensweg ein Weg der Entwicklung ist, mit Aufwärts- und Abwärtsbewegungen.

Manche Lebenskrisen haben etwas Sphinxhaftes, sie stellen uns rätselhafte Fragen. Die entscheidende Frage heißt nicht warum, sondern wozu. Und die Antwort lässt sich oft nur finden, indem wir durch Kummer, Schmerz und Leid hindurchgehen.

In den Krisen des Lebens steckt oft eine mögliche Sinnbotschaft, ein Anruf, eine Herausforderung des Lebens zum Neubeginn. Indem wir den Sinn einer Krise für unser Leben zu begreifen suchen, überstehen wir nicht nur die Krise, wir ahnen etwas vom Sinn unseres Lebens überhaupt, können manchmal erkennen, in welche Wandlungsprozesse uns das Leben auf dem Weg der Individuation schickt.

Die Lebensaufgabe der Individuation, das »Werden, der/die ich bin«, bedeutet immer die Auseinandersetzung mit Sinn und Sinnlosigkeit. Von dieser Auseinandersetzung bleiben bewusst lebende Menschen nicht verschont.[29] Die Dichterin Hilde Domin hat dies in einem ihrer Gedichte wunderbar ausgedrückt:

Bitte

Wir werden eingetaucht
und mit dem Wasser der Sintflut gewaschen
wir werden durchnäßt
bis auf die Herzhaut

Der Wunsch nach der Landschaft
diesseits der Tränengrenze
taugt nicht
der Wunsch den Blütenfrühlung zu halten
der Wunsch verschont zu bleiben
taugt nicht

Es taugt die Bitte
daß bei Sonnenaufgang die Taube
den Zweig vom Ölbaum bringe

Daß die Frucht so bunt wie die Blüte sei
daß noch die Blätter der Rose am Boden
eine leuchtende Krone bilden

Und daß wir aus der Flut
daß wir aus der Löwengrube und dem feurigen Ofen
immer versehrter und immer heiler
stets von neuem
zu uns selbst
entlassen werden[30]

Teil 2

Resilienz aus tiefenpsychologischer Sicht

1. Grundideen der Analytischen Psychologie

Der Mensch aber
kann mit sich selbst nicht weiterkommen,
wenn er über seine Natur nicht Bescheid weiß.
C. G. Jung

Die Analytische Psychologie, die auf C. G. Jung zurückgeht, ist eine eigene therapeutische Richtung mit einem spezifischen Verständnis seelischer Störungen und eigenen psychotherapeutischen Behandlungsmethoden. Das Gesamtwerk Jungs vermittelt ein sehr differenziertes Verständnis des menschlichen Lebens als Ganzes.

Manche Begriffe aus der Analytischen Psychologie C. G. Jungs sind längst Allgemeingut geworden, z. B. der Begriff Komplex, wenn wir sagen, dass ein Mensch unter Minderwertigkeitskomplexen oder einem Autoritätskomplex leidet. Auch die Bezeichnungen für die Hauptrichtungen der seelischen Energie eines Menschen sind in den allgemeinen Sprachgebrauch integriert. Was Extraversion – die stärker nach außen gerichtete seelische Energie – bzw. Introversion – die nach innen gerichtete seelische Energie – bedeutet, ist bekannt: Man weiß, was ein introvertierter oder extravertierter Mensch ist.

Das Kollektive Unbewusste und die Archetypen

Im Menschenbild der Analytischen Psychologie wird vom Ich als Zentrum des Bewusstseins ausgegangen. Daneben gibt es das persönliche Unbewusste als einen weiteren Bereich der Psyche. Hier sind Bedürfnisse, Wünsche, Triebe und Abwehrmechanismen eines Menschen gespeichert, also alle psychischen Inhalte und Vorgänge, die dem Ich nicht verfügbar sind, d.h. Vergessenes, Verdrängtes, unterschwellig Gefühltes und Gedachtes. Dies ist ein gemeinsames Konzept der Freud'schen Psychoanalyse und der Jung'schen Analytischen Psychologie.

Darüber hinaus war C.G. Jung der Erforscher und Entdecker weiterer Bereiche der Psyche, die er das Kollektive Unbewusste nannte. Das Kollektive Unbewusste umfasst alles im Unbewussten, was nicht in der persönlichen Erfahrung und Lebensgeschichte eines Menschen entstanden ist, sondern ein ererbter Erfahrungsschatz aus der Evolution, der Entwicklung der Menschheit ist. Ein Neugeborenes kommt mit solchen psychischen Strukturen auf die Welt. Das Kollektive Unbewusste ist also als das phylogenetische Erbe der Menschheitsgeschichte zu verstehen.

Die Urelemente des Kollektiven Unbewussten sind die Archetypen und ihre geistigen Inhalte. Es sind zugleich Seelenkräfte, die auf die Selbstverwirklichung und Persönlichkeitsreifung eines Menschen ausgerichtet sind. Sie werden in Bildern an das Bewusstsein vermittelt.

Jung versteht die Archetypen als »hilfreiche Kräfte, die in der tieferen Natur des Menschen schlummern, erwachen und eingreifen«[31]. Sie sind überall in der Kulturentwicklung der Menschheit wirksam und zeigen sich in vielen Bereichen: In Mythologie, Kunst, Ritualen, Religionen, Weltliteratur und Märchen haben sie in Bildern und Symbolen ihren vielfältigen Ausdruck gefunden, z.B. in den Urbildern der großen Mutter, dem Bild des Helden, des Heilers und der weisen Alten, in Gottesbildern und in allen Erscheinungsformen des Weiblichen und des Männlichen, die C.G. Jung Anima und Animus nannte. Archetypen sind ein schöpferisches und kreatives Potential, sind Lebens- und Überlebensbilder und -muster, und so ist auch dieser reiche menschliche Erfahrungsschatz des Kollektiven Unbewussten als zur Resilienz gehörend zu betrachten.

Werde der/die du bist – das Konzept der Individuation

Das menschliche Leben wird von C. G. Jung unter der Zielrichtung der Reifung, Sinnfindung und Ganzwerdung gesehen. Diesen Prozess nannte er Individuation.

In der Analytischen Psychologie ist die Individuation das Herzstück. Es geht darum, diesen Wachstums- und Reifungsprozess des Menschen zu unterstützen – als einen Prozess, der auf den entwicklungsfördernden Kräften der Archetypen basiert. Die Essenz der Individuation lässt sich auf die Formel bringen: Werde, der/die du bist, in einem lebenslangen Prozess der Entfaltung der Persönlichkeit.

Für Jung ist es wichtig, dass Menschen sich selbst kennenlernen, dass sie fähig werden, ihr Bewusstsein von sich selbst zu erweitern, in einen Dialog mit den unbewussten Seelenanteilen eintreten können, z. B. durch Traumdeutung, Malen und Gestalten aus dem Unbewussten, in der analytischen und therapeutischen Arbeit. Individuation als Reifungsprozess der menschlichen Psyche geschieht aber auch außerhalb der therapeutischen Situation und erfährt nach Jung vor allem eine Intensivierung in der Lebensmitte.

Der Prozess der Individuation kann im Symbol eines Samens, z. B. eines Apfelkerns, verdeutlicht werden: Im Kern sind alle Anlagen vorhanden, aus denen sich ein Pflänzchen und daraus ein Apfelbaum entwickeln kann. Aber sein Wuchs, seine jeweilige Baumgestalt, seine Fruchtbarkeit hängen von vielen Umweltfaktoren ab: Wasser, Nährstoffe des Bodens, Sonne, Klima, Witterung, Umgebung, gärtnerische Pflege etc.

Individuation als Prozess der Selbstverwirklichung und fortschreitenden Entfaltung der Persönlichkeit geschieht in der Auseinandersetzung zwischen Ich und Selbst, Bewusstem und Unbewusstem. Individuation meint, den Entfaltungskräften im Menschen Raum und Lebensrecht zu geben, trotz aller Beschränkungen durch lebensgeschichtliche Einflüsse vonseiten der Gesellschaft, Kultur, der geschlechtsspezifischen Sozialisation und anderer Faktoren. Individuation bedeutet, eine Übereinstimmung mit sich selbst anzustreben, so dass Innenwelt und äußere Lebensbedingungen zu etwas Einheitlichem werden, ohne die Brüche, Versagungen und das Fragmentarische des Lebens zu leugnen.

Zur Entfaltung der Persönlichkeit auf dem Weg der Individuation gehört vor allem die Verwirklichung derjenigen Lebenspotentiale, die durch lebensgeschichtliche Bedingungen bis jetzt gehemmt wurden, z. B. durch frühe Traumatisierungen, die die seelische Ganzheit beeinträchtigten und zum Entstehen seelischer Störungen und neurotischer Fehlentwicklungen führten.

Resilienz ist aus Jung'scher Sicht das, was einen Menschen befähigt, trotz aller Schwierigkeiten im Leben weiterzuwachsen, trotz aller Belastungen und Verletzungen weiter auf dem Weg der Individuation, der Ganzwerdung, zu sein. In diesem Sinne ist Resilienz nicht nur Widerstandskraft, sondern Lebenskraft. Sie ermöglicht Individuation.

Das Selbst als Zentrum der Persönlichkeit

Auf dem Weg der Individuation geht es darum, wie Ich und Selbst in Austausch treten, vor allem, wie Impulse, die vom Selbst ausgehen, lebenswirksam werden können.

Der Selbstbegriff der Analytischen Psychologie ist ein zentrales Konzept, das spirituelle Dimensionen umfasst und sich sehr vom Selbstbegriff anderer psychologischer Richtungen unterscheidet: Das Selbst ist zu verstehen als die Einheit, Ganzheit und Vollständigkeit der Persönlichkeit – mit dem Bewusstsein und den Bereichen des persönlichen und Kollektiven Unbewussten. Es umfasst alle Aspekte des Menschseins, Vergangenes, Gegenwärtiges und Zukünftiges, die Suche nach Selbstverwirklichung, Lebenssinn und Spiritualität.

Das Selbst ist mit rationalen Möglichkeiten nicht zu beschreiben. Es umfasst bewusste und unbewusste Bereiche der Psyche,

Persönliches und Transpersonales und ragt in den Bereich des Kollektiven Unbewussten, das allen Menschen gemeinsam ist, hinein. Zugleich ist das Selbst das Zentrum der Persönlichkeit, aus dem alle schöpferischen Lebensimpulse hervorgehen, angeregt von archetypischen Wirkkräften.

In der Interaktion zwischen dem Ich, dem Zentrum des Bewusstseins, und dem Selbst vollzieht sich der Lebensprozess der Individuation – im ganz normalen Leben als Entwicklungs- und Reifungsprozess, der in einem Therapieprozess besonders gefördert wird. In einer analytischen Therapie geht darum, die Individuation zu fördern und Zugang zu den schöpferischen und heilenden Potentialen im Selbst zu ermöglichen.

2. Phantasie, Imagination und Intuition als Resilienzkräfte

Es gibt kein Wunder für den,
der sich nicht wundern kann.
Marie von Ebner-Eschenbach

Die schöpferische Kraft der Phantasie

Im Menschenbild der Analytischen Psychologie spielt die schöpferische Kraft der Phantasie eine herausragende Rolle. C. G. Jung sagt:

Die Psyche erschafft täglich die Wirklichkeit. Ich kann diese Tätigkeit mit keinem anderen Ausdruck als mit »Phantasie« bezeichnen. Die Phantasie ist ebenso sehr Gefühl wie Gedanke, sie ist ebenso intuitiv wie empfindend. Es gibt keine psychische Funktion, die in ihr nicht ununterscheidbar mit den anderen psychischen Funktionen zusammenhinge. […] Die Phantasie erscheint mir daher als der deutlichste Ausdruck der spezifischen psychischen Aktivität. Sie ist vor allem die schöpferische Tätigkeit, aus der die Antworten auf alle beantwortbaren Fragen hervorgehen, sie ist die Mutter aller Möglichkeiten, in der auch, wie alle psychologischen Gegensätze, Innenwelt und Außenwelt lebendig verbunden sind.[32]

Phantasie als Ressource der Kreativität

Die schöpferische Kraft der Phantasie verortet Jung nicht im bewussten Ich, sondern im Selbst. Sie ist für ihn ein unmittelbarer Ausdruck des psychischen Lebens, eine grundlegende Ressource der Kreativität, die uns auch bei der Bewältigung von schwierigen

Lebensproblemen zur Verfügung steht. Über die Phantasie können Menschen in einen Dialog mit ihrer Innenwelt treten, ihre Bilderwelt erforschen und so zum Verständnis einer tieferen Wirklichkeit gelangen.

Kreativität braucht eine spielerische Gelöstheit, damit neue Ideen mit Hilfe der schöpferischen Phantasie auftauchen können. Kreativität verlangt, gewohnte Denkmuster zu verlassen und ein flexibles Umgehen mit dem Thema oder der Aufgabe. Kreativität bringt Erfahrungen und bisheriges Wissen auf eine neue Art und Weise zusammen. Neugierde und vielseitige Interessen können für die Entwicklung der eigenen Kreativität nützlich sein. Entspannung, Ruhephasen im Problemlösungsprozess sind ebenso förderlich wie Ausdauer. Hoher Leistungsdruck, Angst vor Versagen und Zeitmangel können die Kreativität behindern, ebenso Perfektionismus.

Die Phantasie ist ein Bereich, zu dem alle Menschen ein Zugangsrecht haben. Erlebtes kann hier verarbeitet, Wünschenswertes im Sinne einer prospektiven Ausrichtung nach vorn vorbereitet werden, innere Bilder mit Erfahrungen und Gefühlen auf eine kreative Weise neu verbunden werden.

Manche Menschen nutzen ihre Phantasie für innere Katastrophenszenarien; bei ihnen entsteht eine Art negatives Kopfkino. Dadurch geraten sie immer wieder in Angst, Sorge und versetzen sich in einen Spannungszustand. Mit Hilfe heilsamer innerer Bilder ist es jedoch möglich, sich zu beruhigen, Optimismus und Zuversicht zu stärken und sich auf Alternativen, auch auf den positiven Ausgang einer schwierigen Situation auszurichten.

Die Phantasie kann also sowohl Angst- und Bedrohungsbilder als auch Wunsch- und Hoffnungsbilder hervorrufen.

Imagination und Heilung

Was ist Imagination?

Imagination (lat. *imago*, Vorstellung, Bild) ist eine alte Technik der Bewusstseinsveränderung und -erweiterung, die bereits bei den frühen schamanischen und spirituellen Heilpraktiken verwendet wurde. Zugleich ist Imaginieren, das Produzieren innerer Bilder, etwas, das wir ständig machen: Alle Menschen verfügen über imaginative Fähigkeiten und über den reichen Schatz einer inneren Bilderwelt, die wir oft unwillkürlich nutzen: In spontanen Tagträumen können wir darin eintauchen, wenn wir uns z. B. den kommenden Urlaub vorstellen und uns so einige Momente des Ausruhens in einer Stresssituation gönnen.

Schon die Sprache ist voller symbolhafter Bilder, mit denen wir komplexe Sachverhalte ausdrücken können:

- »Die Sache liegt mir wie ein Stein im Magen.«
- »Das bereitet mir enorm Kopfzerbrechen.«
- »Wenn ich daran denke, werde ich total sauer.«
- »Die Sache hat weder Hand noch Fuß.«
- »Ich hätte vor Wut aus der Haut fahren können.«
- »Er wirkte wie versteinert auf mich.«

Imagination ist eine Denk- und Vorstellungsaktivität, bei der es darum geht, innere Bilder und die damit verbundenen Emotionen bewusst wahrzunehmen. Es ist quasi ein inneres »Googeln« in unseren eigenen Gedächtnisspeichern. Imagination geschieht, anders als in Träumen, in einem bewussten, wachen Zustand als Eintauchen in die eigene Innenwelt.

Imaginationen sind innere Vorstellungsräume, in denen wir mit Hilfe unserer Phantasie frei agieren können und – wie bei den Träumen – nicht an die Grenzen von Raum und Zeit gebunden sind. Man kann in diesen Vorstellungsräumen schlimme Erlebnisse verarbeiten, man kann Zukünftiges vorwegnehmen und sich vorbereiten, z. B. auf ein Bewerbungsgespräch. Ebenso kann man sich schöne Erinnerungen nochmals nahe holen, sich am Erlebten erfreuen und seinen Erfahrungsschatz als Stärkung erleben.

C. G. Jung war es ein besonderes Anliegen, Menschen im Rahmen der Therapie und im Alltag zu ermutigen, über das Imaginieren wichtige Einblicke in die eigenen Seelenprobleme zu erhalten.

Die Arbeit mit Imaginationen

Unter Imagination verstehen wir eine Vielzahl von Methoden, Zugang zur Innenwelt zu finden. Es geht darum, Bilder aus dem Unbewussten aufsteigen und sich von den Botschaften anregen, berühren und helfen zu lassen. Im Weiteren geht es um die verstehende und deutende Arbeit, um das in der Imagination Erlebte mit der gegenwärtigen Lebenssituation und den aktuellen Fragen und Problemen in Verbindung zu setzen.

Voraussetzung für erfolgreiche Imaginationsarbeit ist immer eine Grundhaltung von Offenheit und Empfänglichsein; es geht darum, etwas aus dem Unbewussten aufsteigen zu lassen und mit den jeweiligen Bildern und Gestalten in einen inneren Dialog einzutreten. In diesem Dialog zwischen den bewussten und unbewussten Teilen der Psyche kann ich mir selbst, meiner eigenen inneren Wahrheit näherkommen, mich selbst immer besser kennenlernen.

Imaginationsarbeit umfasst im Allgemeinen drei Phasen: Nach einer Phase der Entspannung horcht man entsprechend dem gewählten Vorstellungsbild oder Thema achtsam nach innen, schließt unter Umständen die Augen, lässt Bilder entstehen, die zugleich auch Gefühle ins Bewusstsein bringen, nimmt wahr, was in und mit dem Bild weiter geschieht. In einer dritten Phase der Auswertung geht es darum, das Erlebte zu verstehen und in den Kontext der Ausgangsfrage, des Themas oder der gegenwärtigen Problemsituation zu stellen.

Die heilende Kraft der inneren Bilder

Bilder sind unsere innere Wirklichkeit. Wir haben z. B. innere Bilder, wie wir das Leben als solches sehen – als ständiger Fluss, als Chaos, als eine Art Gefängnis, als eine Art Tretmühle. In bestimmten Situationen sehen wir es als Paradies oder finden es märchenhaft, wenn unerwartet wunderbare Dinge passieren.

Aus der neueren Hirnforschung wissen wir um die Macht der inneren Bilder. »Unser Hirn«, so der Neurobiologe Gerhard Hüther, »ist ein Bilder erzeugendes Organ.«[33] Die Forschung der Neurobiologie hat herausgefunden, dass die Vorstellung von inneren Bildern die gleichen Hirnregionen zu aktivieren vermag wie reale Wahrnehmungen der Außenwelt. Vorstellungen von angenehmen, positiv getönten Bildern haben spezifische körperliche und auch emotionale Reaktionen zur Folge. Daher werden imaginative und kreative Übungen und Techniken im Bereich der Psychotherapie inzwischen in vielen verschiedenen Therapierichtungen angewandt und weiterentwickelt, besonders im Bereich der Traumatherapie: Manchmal muss mit traumatischen inneren Bildern so gearbeitet werden, dass sie ihre fatale Bannkraft verlieren. Menschen brauchen zur Bewältigung traumatischer Erfahrungen neue neuronale Erregungsmuster und alternative Bilder, Emotionen und Verhaltensweisen.

Besonders in den tiefenpsychologisch ausgerichteten Therapieformen arbeiten wir mit »heilsamen« inneren Bildern. Es gibt innere Bilder, die als Symbol bedeutungshaltig sind und spezifische Wirkungen haben können; sie können heilsam, tröstend, beruhigend, entlastend, Halt gebend sein, z.B. die Imagination eines Baumes, eines inneren sicheren Ortes, eines Wohlfühlortes in der Natur. Vieles kann für Menschen in schwierigen Zeiten z.B. zum Symbol der Hoffnung werden und als inneres Bild Kräfte der Resilienz wecken: ein Sonnenaufgang, die Jahreszeit des Frühlings, der Regenbogen nach einem Gewitter, die archetypischen Symbole des Weges, des Lebensbaumes, die Weihnachtsbotschaft von der erneuernden und befreienden Kraft des göttlichen Kindes, die Farbe Grün. Hoffnung verlangt nach aktivem Tun, wie schon die Sprache zeigt: Hoffnung will »geweckt, genährt, geschöpft werden«, damit ein Mensch wieder beginnen kann, sich »Hoffnung zu machen«. Dann können auch die schöpferischen Kräfte von Phantasie und Imagination wieder zu Hilfe kommen, um Wege und Auswege zu finden.

Innere Bilder können eine ichstabilisierende Wirkung haben. Deshalb bietet dieses Buch angeleitete Imaginationen, deren Resilienz fördernde Wirkung aus der therapeutischen Arbeit mit Symbolen[34] bekannt ist. Das Eintauchen in die innere Bilderwelt ist eine wichtige Ressource unseres Geistes. »Wenn die Seele etwas erfahren möchte, dann wirft sie ein Bild der Erfahrung vor sich und tritt in dieses ein«, heißt es in einem Zitat, das Meister Eckhart zugeschrieben wird. So sind auch die Symbolimaginationen in diesem Buch zu verstehen: als ein Eintreten in Bilder, die voller Bedeutung sind, aufgeladen mit seelischen Energien. Jedes Bild, jedes Symbol kann in Kontakt bringen mit archetypischen Kräften.

Beim Imaginieren ist die psychische Wahrnehmungsfähigkeit der Intuition von besonderer Bedeutung. Sie hilft, beim Imaginieren Zusammenhänge, Bedeutungen bzw. Lösungen zu entdecken.

Intuition – das tiefe Wissen

In der Analytischen Psychologie gehen wir davon aus, dass Menschen über vier Wahrnehmungs- und Erkenntnisfunktionen verfügen: Denken, Fühlen, Empfinden und Intuieren. Intuition ist oft wenig bekannt. Sie ist eine innere Stimme und ein inneres Wissen, das bei vielen Menschen vernachlässigt ist, auch wenn wir alle darüber verfügen.

Im Alltag spielt die Intuition eine wichtige Rolle wenn es darum geht, für etwas »den richtigen Riecher« zu haben, z. B. bei riskanten Finanzgeschäften an der Börse; ebenso ist die Intuition bei vielen geistigen und künstlerischen Schaffensprozessen und bei der Suche nach Problemlösungen wichtig. Intuieren ist ein inneres Wahrnehmen, das nicht auf den Sinnesorganen basiert. Manchmal beschreiben Menschen ihre Intuition auch mit dem Bild: »Da ist mir ein Licht aufgegangen«, oder: »Da wusste ich instinktiv, was los ist.«

Intuition ist oft ein Gespür für etwas Zukünftiges und kann spontan als ein bestimmtes Lösungswort, Bild, als ein verbaler Satz ins Bewusstsein treten, ohne dass sich der Einfall näher begründen lässt. Die Intuition antizipiert noch nicht Geschehenes und bringt das Zukünftige so in eine aktuelle Lebenssituation hinein. Für Ang Lee und Theodor Seifert ist die Intuition daher »ein wegweisendes und vorausschauendes Wissen«[35].

Das Geschehen, wenn wir intuitiv etwas wissen, begreifen oder erahnen, ist rational nicht erklärbar. Es ist aber oft mit einem starken Gefühl von Gewissheit und Stimmigkeit verbunden. Manchmal nennen wir es den sechsten oder siebten Sinn. Manche Menschen bezeichnen ihre Intuition auch als ihr »Bauchgefühl«, das ihnen Hinweise gibt oder sie auch warnt: »Ich hatte so ein ungutes Gefühl dabei, so ein Gefühl von ›Lass es lieber sein!‹ – und das war richtig.« Die Hintergründe dieses »unguten Gefühls« sind zumeist nicht bewusst, aber es ist so überzeugend, dass wir uns danach richten.

Die Intuition ist eine Mitspielerin in vielen Lebensbereichen, in beruflichen ebenso wie in privaten Beziehungen. Einige Beispiele:

- In der Liebe ist es die Intuition, die uns erkennen lässt: Der oder die ist der/die »Richtige«.
- Das Telefon klingelt – intuitiv weiß ich, wer am anderen Ende der Leitung ist.
- Wenn ein Unfall, ein Todesfall eintritt, wissen manche Menschen: »Ich habe geahnt, dass es passieren würde« – Intuition scheint eine Art präkognitives Wissen zu sein.
- Ich suche ein Haus in einem mir unbekannten Stadtteil und wähle intuitiv den richtigen Weg dorthin. Ich stehe davor, als ich mich erkundigen will.
- Es gibt ein Gespür für die Bedürfnisse anderer, das uns z. B. hilft, Geschenke auszuwählen: »Woher wusstest du nur, dass ich mir genau das schon so lange gewünscht habe?«
- Ein guter Personalchef muss für seine Entscheidung, wel-

che Menschen er für welche Position auszuwählen hat, über ein hohes Maß an Intuition verfügen. Und wenn er nach seinen Entscheidungskriterien gefragt wird, beruft er sich oft auf sein »Bauchgefühl«.

Die Intuition ist eng mit dem Unbewussten verbunden und hat als eine Wahrnehmungsfunktion Zugang zu ihm. Sie manifestiert sich vor allem in spontanen »Einfällen«, Phantasien, inneren Bildern und Ahnungen – manchmal blitzartig. Auch kreative Ideen und Lösungen zeigen sich so. Daher spielt die Intuition in der wissenschaftlichen Forschung sowie in künstlerischen Gestaltungsprozessen eine besondere Rolle.

Intuitionen sind Einsichten und Erkenntnisse, die uns von irgendwoher »zufallen«. Klaus-Uwe Adam sagt:

Die Intuition reicht psychologisch gesprochen ins kollektive Unbewusste und ins Reich der Archetypen. Die Intuition hat ja den Zugang zum Unbewussten, und zwar nicht nur zu der persönlichen Biografie, sondern auch zum »Gedächtnis der Menschheit«, zur gesamten Mythologie und zum Gesamtschatz des in der Stammesgeschichte erworbenen und im Unbewussten bewahrten Wissens. Sie ermöglicht sowohl den Rückgriff auf persönliche Einfälle aus der eigenen Lebensgeschichte als auch den Zugriff auf das Gesamtwissen der Menschheit. Das gilt als allgemeine Möglichkeit, die nicht bei jedem Einzelnen voll und ganz realisiert wird.[36]

Intuition als inneres Wissen ist nicht einfach verfügbar, es meldet sich aber umso eher, je mehr wir uns öffnen, uns nicht in gewohnten Bahnen des Denkens und Fühlens bewegen, sondern uns im entspannten und unverkrampften Zustand durchlässiger machen für Botschaften aus dem Unbewussten und sie als eine Quelle inneren Wissens akzeptieren.

Auch die Übungen in diesem Buch bieten Ihnen die Möglichkeit, Ihre Intuition mit hinzuzunehmen, sie bei den jeweiligen Themen zu Wort und ins Bild kommen zu lassen.

3. Die innere Welt der Bilder und Symbole

Und jedes Gleichnis ist ein offenes Tor,
durch welches die Seele, wenn sie bereit ist,
in das Innere der Welt zu gehen vermag.
Hermann Hesse

Was ist ein Symbol?

Symbole sind Sinnbilder. Sie entstehen, wenn ein äußeres Objekt mit einem geistigen Inhalt, einem Sinn oder einer Bedeutung zusammengebracht wird. Jeder Gegenstand, jede Geste, jede Verhaltensweise kann symbolisch besetzt werden und Bedeutung gewinnen. So hat die kleine Geste, zur Begrüßung die offene Hand zu reichen, die uralte Bedeutung: »Ich komme ohne Waffe, bin dir nicht feindlich gesonnen, habe nichts gegen dich in der Hand.« Vielen Menschen sind Symbole durch die Bücher von Dan Brown nahegebracht worden.

Symbole sind die »Zeichensprache der Seele«. Mit ihrer Hilfe wird die komplexe innere Welt von Erfahrungen, Gefühlen, Ahnungen und Erkenntnissen fassbar und vermittelbar. Die bildhafte Sprache der Symbole vermag die Vielschichtigkeit und Ganzheitlichkeit unserer Erfahrungen auszudrücken. Treffend wird dies deutlich in dem bekannten Satz: »Ein Bild sagt mehr als tausend Worte.«

Zum Beispiel kann ein Seelenzustand innerer Leere, des Ausgetrocknetseins, der Orientierungslosigkeit und Lebensbedrohung treffend durch das Bild der Wüste symbolisiert werden. Der Frühlingsbaum dagegen, der nach dem Winter – einer Zeit, in der er wie tot erschien – wieder neu austreibt und blüht, kann ein Symbol der Lebenskraft sein, die Stagnation und Erstarrung überwindet. Symbole sind Brücken zwischen der äußeren Welt und der Welt des Geistigen. Dies wird auch durch den Begriff »Symbol« zum Ausdruck gebracht, der sich ableitet von griech. *symbállein*: zusammenwerfen, zusammenhalten. Ein »Symbol« bringt etwas zusammen, das eine Ganzheit bildet: ein äußeres Bild und einen Sinnkontext. Es ist ein sichtbares Zeichen einer nicht sichtbaren Wirklichkeit, mit der es in einem inneren Bezug steht.

Die Grundfunktion der Symbole ist es, vielfältige Aspekte einer sehr komplexen Realität zusammenzufassen. Mit Hilfe von Symbolisierungen konstruiert der Mensch seine Wirklichkeit und vermag ihr Sinn zu verleihen. »Symbolisieren meint also einmal, vordergründige Wirklichkeit auf eine hintergründige Wirklichkeit hin zu befragen, auf der anderen Seite die vordergründige Wirklichkeit im Spiegel dieser uns unbekannten hintergründigen Wirklichkeit zu betrachten.«[37]

Symbole sind mehr als bloße Zeichen. Symbole sind energetisch hoch aufgeladen und mobilisieren seelische Energien in Form von Gefühlen. Viele Menschen wundern sich, wenn sie merken, wie sehr der Umgang mit Symbolen im Alltag mit heftigen Gefühlsreaktionen verbunden sein kann, z. B. wenn Fans sich begeistert mit den Insignien ihres Fußballvereins schmücken, die Diskussion über Kopftuch oder Minarett zu ideologischem Streit ausartet oder wenn voll Hass die Nationalfahnen anderer Länder verbrannt werden. Hieran wird deutlich, wie »aufgeladen« mit seelischen Energien Symbole sein können. Zur Verdeutlichung zwei kleine Alltagsszenen:

Ein Blumenstrauß, der nach einem Konzert einer Künstlerin überreicht wird, drückt Anerkennung, Verehrung, Dank für die mit dem Konzert bereitete Freude aus und soll umgekehrt auch der Künstlerin Freude bereiten.

Ganz anders reagieren wir, wenn wir auf einer Hauswand

Schmierereien mit Hakenkreuzen entdecken. Dieses Symbol aus dem nationalsozialistischen Kontext weckt Zorn, Empörung und unter Umständen Angst vor rechtsradikalen Umtrieben.

Symbole berühren und inspirieren uns. Sie begegnen uns überall in der Alltagswelt, in Kunst, Kultur und Religion, in politischen Kampagnen, in der Werbung, in Filmen, in den Mythen und Märchen der Welt und ebenso in unseren Träumen. Alle wichtigen Ereignisse im menschlichen Leben werden begleitet und gestaltet von Symbolen und symbolischen Handlungen. Auch wenn unsere Welt scheinbar so technisch und rational geworden ist, ist sie durchwoben von uralten Symbolen, Mythen und Bildern. Symbolerfahrung, Symbolschaffung und Symbolverständnis gehören wesentlich zum Menschen. Die Symbolik ist eine universale Sprache, die allen Menschen gemeinsam ist. Die Erfahrungsschätze der Menschheit, ihrer Kulturen und Religionen, lassen sich nur in ihren Sinnbildern, ihren Symbolen und symbolischen Ritualen erschließen, die psychische, geistige und spirituelle Dimensionen mit umfassen.

Das Symbolverständnis der Analytischen Psychologie[38]

Moderne Theorien über die Bedeutung des Symbolischen korrespondieren wesentlich mit den Entdeckungen von C. G. Jung. Im Verständnis der von ihm entwickelten Analytischen Psychologie tragen Symbole unbewusste seelische Inhalte an das Bewusstsein heran und bilden ein machtvolles, dynamisierendes Element in unserem Leben: Symbole berühren und beeinflussen die verschiedensten Bereiche der menschlichen Persönlichkeit. Sie wirken auf unser Denken und Fühlen, die Wahrnehmung, Intuition und Phantasie, auf Bedürfnisse und Triebe sowie auf unser Bewusstsein und unser Unbewusstes. Die Wirksamkeit von Symbolen wird auch in Werbung und Politik geschickt genutzt.

Symbole können uns sowohl von außen als auch von innen beeinflussen. Ein von außen kommendes Symbol kann uns tief berühren, z. B. eine Fotografie, die uns ein geliebter Mensch vor Jahren geschenkt hat und die wir aufheben, auch wenn ihre ursprüngliche Farbe schon sehr verblasst ist. Von innen kommende Symbole wie z. B. Traumbilder bringen unbewusste Inhalte allmählich an das Bewusstsein. Das Symbol wirkt dabei als ein Vermittler zwischen den verschiedenen Bewusstseinsebenen.

Für die Symbolpsychologie ist nicht entscheidend, in welchen Kontexten Symbole auftreten und von Menschen erfahren werden: in der Alltagswelt, in Träumen, Phantasien, in der Kunst, der Dichtung, Religion. Die Psychologie fragt nach ihren spezifischen Wirkungen und existentiellen Bedeutungen. Wann immer Menschen Symbole gestalten und erfahren, kann die jeweilige Situation existentiellen Bezug gewinnen.[39] Ein Symbol muss emotional bedeutsam werden, man muss in wirklichen »Fühl-Kontakt« mit ihm treten, so dass es seine Wirkung entfalten, mich ansprechen kann und mir eine Botschaft vermitteln kann. Wenn ich mich auf ein Symbol wirklich einlasse, mich ihm öffne, kann ich erfahren, was es in mir wachruft, welche seelische Resonanz es hat und welche Sinngehalte es mir nahebringt. Über das Symbolerleben erfahren wir etwas über uns selbst und erweitern unser Selbst- und Weltverständnis.

Symbolarbeit: Wie man sich auf Symbole einlassen kann

In der Symbolarbeit richten wir das Gewahrsein auf die inneren Bilder mit dem Ziel, dem Bewusstsein kreative, korrigierende und weiterführende Impulse aus dem Unbewussten verfügbar zu machen. C. G. Jung hat die unterstützende und heilsame Wirkung der Bilder und Symbole für die therapeutische Arbeit entdeckt und weiterentwickelt. Symbolarbeit dient der Bewusstseinserweiterung und Selbsterkenntnis. In der Auseinandersetzung mit

Symbolen können unbewusste Aspekte erkannt werden, die Hinweise zur gegenwärtigen Problematik geben, den lebensgeschichtlichen Kontext verdeutlichen oder hilfreiche Lösungsansätzen vermitteln können. Ein Beispiel:

> Frau P. fiel auf die Frage nach einem Bild für ihre innere Stärke eine Urlaubsszene aus dem letzten Afrikaurlaub ein. Sie erinnerte sich an eine ruhende Löwin, die sie in einem Nationalpark gesehen hatte. Das kraftvolle Tier hatte sie sehr beeindruckt. Das Bild hilft ihr bei der weiteren Imagination, in sich selbst die Kraft der ruhenden Löwin, die gelassen ihre Umgebung beobachtet, zu suchen. Sie erinnert sich auch an Geschichten und Bilderbücher von Löwen, die sie als Kind schon besonders angesprochen hatten. Die Löwin wird in der Folgezeit zu ihrem persönlichen Krafttier und inneren Begleiterin.

Die Arbeit mit Bildern, Symbolen und Imaginationen ist keineswegs allein der therapeutischen Nutzung im Rahmen der Psychotherapie vorbehalten. Jeder Mann / jede Frau kann von dieser Methode Nutzen ziehen: »Grundsätzlich kann sich jeder Mensch, der einen inneren Draht zu Phantasiereisen, bildhaftem Denken und Imaginationen hat oder zu entwickeln vermag, dieser Methoden bedienen. Ihr Einsatzzweck im Alltag ist Streben nach Entspannung, Selbsterkenntnis, die Regelung psychischer wie körperlicher Stresszustände oder das Mehren von Wohlbefinden.«[40]

Die Beschäftigung mit Symbolen fördert den Dialog zwischen Bewusstem und Unbewusstem, kann innerlich beleben, die selbstregulativen Kräfte der Psyche, die Resilienz, anregen und neue eigene Bilder und Erkenntnisse evozieren. Dabei bietet die Welt des Symbolischen einen Schatz an inneren Bildern, die sich gerade auch in schwierigen Zeiten und in Krisen als hilfreich erweisen können. Über die Welt des Symbolischen können selbstheilende und schöpferische Kräfte der Seele geweckt werden, die in schwierigen Lebenssituationen bei Wandlungen und Problemlösungen mitwirken. Ein Gang durch ein Labyrinth z. B. kann die Erfahrung vermitteln, wie viel Geduld es braucht, erst nach etlichen Umkreisungen zur Mitte, zum Kern eines Problems, zu gelangen.

Resilienz fördern mit Symbolen

Symbole können helfen, mit sich und der Welt wieder in Einklang zu kommen, aus der Ruhe- und Rastlosigkeit mancher Krisensituationen wieder in die eigene Mitte zu kommen. Das meditative Sich-Einlassen auf Weg, Baum, Quelle, Regenbogen, Berg und andere konkrete Symbole, die in den nachfolgenden Kapiteln von Teil 3 vorgestellt werden, kann tröstende und stärkende Hinweise zur Orientierung bieten und kreative und schöpferische Kräfte zur Selbsterkenntnis und Krisenbewältigung anregen.

Positiv getönte Bilder und Imaginationen können Gefühle und Gedanken in Richtung auf Selbstakzeptanz und Lebensbejahung ändern. Es ist bekannt, dass Visualisieren und Imaginieren die gleichen neuronalen Netzwerke aktivieren wie sinnliche Wahrnehmung und körperliche Reize. Die dabei entstehenden inneren Bilder und Botschaften sind nichts bewusst Konstruiertes. Jolande Jacobi kommentiert: »Das uns so [in der Imagination, B. D.] Geoffenbarte ist nichts Erdachtes und Spekuliertes, aus dem Bereich des Bewusstseins Stammendes, sondern eine Botschaft von der ›anderen Seite‹ unserer Seele, aus dem grenzenlosen Land des Unbewussten, in dem alle Bilder ihren Ursprung haben.«[41]

Ein lebendiges Symbol wirkt heilsam und anregend aus sich heraus, um es aber in seiner ganzen Wirkung zu entfalten, ist es wichtig, seinen Sinn und seine Bedeutung zu erschließen, so dass eine Integration des Symbols in das Bewusstsein und in die jeweilige Lebenssituation möglich wird. So wird das Symbol zu einer Botschaft, die dem Denken, Fühlen und Erleben neue, erweiterte Perspektiven hinzufügt. Es stärkt auf diese Weise die Resilienz.

Es bedarf aber eines besonderen Sich-Einlassens auf die Symbole, damit sie ihre Wirkungen entfalten können. Symbole müssen wahrgenommen werden, d. h. mit allen zur Verfügung stehenden Wahrnehmungsmöglichkeiten erkundet werden: sinnlich, mental, imaginativ, intuitiv. Je vielfältiger man ein Symbol erkundet, desto mehr klingt an und auf, desto reicher werden die erkennbaren Bezüge zur eigenen Lebenssituation: Man kann ein persönlich bedeutsames Symbol malen, es aus Ton formen oder einen kurzen Text dazu schreiben. Symbole können imaginiert werden, d. h. man kann sich ein Symbol in der Phantasie ausmalen und sich ganz in diese Vorstellung hineinbegeben (C. G. Jung hat hier eine besondere Methode, die sogenannte Aktive Imagination, entwickelt). Symbole können auch beim Lesen eines Gedichtes oder Märchens erlebt werden, ebenso beim Nachspüren und Erzählen eines Traumes. In den nachfolgenden Übungen werde ich Sie einladen, einige dieser Methoden auszuprobieren.

Symbole können uns helfen, Unbewusstes bewusst zu machen, Konflikte zu erkennen und zu überwinden. Sie erschließen uns neue Lebensperspektiven, fördern und begleiten unseren seelischen Wachstums- und Reifungsprozess, unsere Individuation. Wenn wir lernen, auf die innere Resonanz zu achten, die Symbole in uns hervorrufen, finden wir Zugang zu den heilenden und schöpferischen Kräften unserer Psyche, z.B. auch über die Träume. Letztlich bleibt die seelische Wirkung eines Symbols etwas Geheimnisvolles. Das betont auch Detlef-Ingo Lauf: »Es verbindet mit den archetypischen Tiefenschichten der Seele, es verbindet und es führt uns selbst auf unser Selbst zurück.«[42]

Immer wenn wir uns um unsere Innenwelt und ihren inneren Reichtum an inneren Bildern bemühen, wenn wir versuchen, hinter die Dinge zu schauen, können wir entdecken, wie hinter der wahrnehmbaren Welt eine Welt von Sinn und Bedeutung aufscheint: die Tiefgründigkeit oder Hintergründigkeit des Lebens. Wenn wir sie sprechen lassen und nicht auf einer konkretistischen Ebene stehen bleiben, ermöglichen Symbole den Zugang zu dieser tieferen Wirklichkeit. Es gilt dann, mit Hilfe der Symbole wieder zu unseren eigenen tieferen Wahrheiten zu finden, die uns in Krisenzeiten Orientierung und Halt geben können.

Symbole sind auch wichtige Begleiter auf dem Weg zu spirituellen und transpersonalen Erfahrungen. »Denn«, so Wolfgang Bauer in seinem Symbollexikon, »das Schöpfen aus dem unerschöpflichen Brunnen der Mythen und Symbole allein scheint es zu sein, was uns befähigt, uns und unsere Welt zu verwandeln und uns und die Welt immer wieder neu sehen, befreien und bestaunen zu können.«[43]

Teil 3

Die Seele stärken mit inneren Bildern und Symbolen

In Teil 3 dieses Buches finden Sie eine Sammlung von Symbolen, die in Krisen und schwierigen Lebenssituationen besonders hilfreich und aufschlussreich sein können. Sie können dazu dienen, sich selbst zu erkunden, die aktuelle Lebenssituation näher zu untersuchen und auf einer tieferen Ebene zu begreifen, welche Entwicklungsanforderungen und Lebensthemen gegenwärtig anstehen. Sie können die Zuversicht und die Entschlusskraft stärken, das Not-wendige anzugehen.

Sich selbst im Spiegel eines Symbols wiederzuentdecken oder ein persönliches Problem deutlicher fassen zu können, kann gerade in Krisensituationen, wenn das klare Nachdenken erschwert ist, eine besondere Form von Hilfe sein. C.G. Jung verweist immer wieder darauf, dass die Botschaften des Unbewussten in seiner symbolischen Sprache dazu einladen, mit sich selbst zu experimentieren, Neues auszuprobieren, aus Erstarrungen wieder in den Fluss des Lebens zu kommen und so schöpferisch die eigene Existenz zu gestalten.[44] Mit ihrer Hilfe können wir lernen, die Anforderungen, die das Leben uns stellt, anzunehmen und zu bestehen. »Wo aber Gefahr ist, wächst das Rettende auch« (Hölderlin).

Die Bedeutungsumfelder von Symbolen wie Weg, Haus, Baum usw. werden durch Beschreibungen und Hinweise aus Mythologie, Literatur, Symbolpsychologie und Kulturgeschichte aufgezeigt. In der Jung'schen Psychologie wird dies »Symbolamplifikation« genannt. Für Ihre persönliche weitergehende Symbolarbeit finden Sie so Anregungen und Übungsangebote.

Wählen Sie mit Hilfe Ihrer Intuition die Symbole aus, die Sie besonders ansprechen, und lassen Sie dann Ihre eigenen spontanen Einfälle, Assoziationen, Gefühle und Phantasien zu. Das freie Assoziieren und Umkreisen des Symbols belebt das Symbol, lässt es energetisch wirksam werden und schafft so eine Brücke für den inneren Dialog zwischen Bewusstem und Unbewusstem. Besonders hilfreich ist immer auch das kreative Gestalten durch Malen, Zeichnen, Formen, Imaginieren oder auch Schreiben – ohne kritische Bewertung und Selbstzensur. Es regt die eigenen schöpferischen Kräfte an und führt nicht selten zu spontanen Einsichten und erweitertem Verstehen, manchmal auch zu spontanen Lösungen.

Die folgenden Fragen[45] können Ihnen bei der Übertragung Ihrer persönlichen Symbolarbeit auf Ihre gegenwärtige Krisen- bzw. Alltagssituation helfen:

Schlüsselfragen zum Symbol

- Was ist die Botschaft des Unbewussten für mich im Hier und Jetzt?
- Wozu fordert mich das Symbol auf, wozu ermutigt es?
- Was kann ich über mich selbst im Spiegel des Symbols erfahren?
- In welchen Lebensbereichen geht es um Veränderungen? Geht es um zu verändernde Sichtweisen, Haltungen, Werte und Einstellungen oder um neue Verhaltensweisen?
- Welche konkreten Schritte der Umsetzung, des Transfers in reale Alltagssituationen stehen vielleicht an?

Probieren Sie es nun selbst aus: Lassen Sie sich auf ein ausgewähltes Symbol ein, das in der Symbolsammlung der nachfolgenden Kapitel angeboten wird. Die Reihenfolge hat keine Bedeutung. Lesen Sie sich zunächst die Beschreibungen durch und achten Sie darauf, bei welchem der Symbole etwas intuitiv in Ihnen in Resonanz kommt. Nehmen Sie dann dieses Symbol, das Sie besonders angesprochen hat, und lassen Sie sich mit Hilfe der jeweiligen Hinweise ganz darauf ein.

1. Die Straßen des Lebens erkunden

Der Weg

Der Mensch ist ein Wesen auf dem Weg – ein *homo viator*, wie die alten Römer es nannten. Er ist auf dem Weg durch Räume und Zeiten. Den Zeitraum zwischen Geburt und Tod nennen wir den Lebens*weg* eines Menschen. Immer sind wir unterwegs und im Übergang: von der Kindheit zur Jugend, von dort in die Lebenszeit des Erwachsenen, von der Lebensmitte zum Alter, vom Alter auf dem Weg zu Sterben und Tod.

Unsere Sprache bietet uns eine große Vielfalt an Bezeichnungen für die verschiedenen Arten von Wegen, auf denen wir unterwegs sein können. Es gibt Hinwege, Rückwege, Umwege, Schleichwege, Wanderwege, Höhenwege, Rundwege, Scheidewege, Pilgerwege, Luftwege, Fluchtwege, Rettungswege, Irrwege, Holzwege, Auswege; es gibt Hauptstraßen, Nebenstraßen, Fernstraßen, Sackgassen, Dschungelpfade, Wegkreuzungen, Abzweigungen. Wir kennen ferner Stege, Pfade, Gassen und Straßen als Ortsbezeichnungen. Und der Weg selbst, der beschritten wird, kann bequem oder steinig sein, sicher und mit Wegweisern gut ausgeschildert oder unsicher und unübersichtlich, gut gepflastert oder dornig und zugewachsen. Der Weg führt uns zum Ziel oder an einen Abgrund.

Menschen bewegen sich sehr unterschiedlich auf ihren Lebenswegen. Manche hetzen immerzu von Etappe zu Etappe, andere bummeln und kommen nicht voran, verlieren gar ihr Ziel aus den Augen. Manche werden atemlos von ihrem Lebenstempo, andere ermüden oder brechen zusammen unter Lasten, die zu schwer für sie sind. Menschen können sich auf unterschiedliche Weise auf den Weg machen: in Vorfreude auf etwas Neues, vielleicht gar Langersehntes, mit Abenteuerlust, oder ängstlich, wenn es darum geht, das Vertraute, Gewohnte und Sicherheitgebende loszulassen.

Für die Christen hat das überlieferte Jesuswort: »Ich bin der Weg, die Wahrheit und das Leben« (Joh 14,6) eine tiefe Bedeutung. Im Buddhismus ist die zentrale Lehre der achtfache Pfad als Weg zur Erleuchtung, wie ihn der Buddha lehrte.

Sich auf den Weg zu machen kann bedeuten, ins Ungewisse zu gehen, nicht zu wissen, wo der Weg weitergeht und was auf mich zukommt. Es kann aber auch befreiend sein, einen neuen Weg zu suchen, Unbekanntes zu entdecken und dabei zu erfahren, wie die Seele wieder weit wird und das Herz befreiter ist. Hermann Hesse beschreibt dies in seinem berühmten Gedicht *Stufen*:

Kaum sind wir heimisch einem Lebenskreise
Und traulich eingewohnt, so droht Erschlaffen,
Nur wer bereit zu Aufbruch ist und Reise,
Mag lähmender Gewöhnung sich entraffen.[46]

Viele Menschen suchen heute wieder Erfahrungen des Unterwegsseins auf den alten Pilgerwegen – um bei sich selbst wieder anzukommen, über ihren Lebensweg jenseits von Alltagsroutine nachdenken zu können und um eventuell andere Lebensziele und Orientierungen zu finden. Wallfahrten und Pilgerschaften zu heiligen Orten zählen seit Jahrtausenden zu den Ritualen aller religiösen Traditionen. Eine besondere Anziehung hat für heutige Menschen wieder der Pilgerweg nach Santiago de Compostela. Es gibt zahlreiche Berichte von Menschen über ihre Erfahrungen auf diesem Pilgerweg.

Der Weg als Symbol des Lebens umfasst alles, was uns geschieht, was wir wahrnehmen, was uns begegnet, was wir erfahren, erleben, erleiden, was wir wagen und was uns widerfährt. Zum Unterwegssein auf Ziele hin gehört das Innehalten, Rasten, Sich-Orten und Orientieren. Zum Nachdenken über den Lebensweg gehört auch die Frage: »Welche Spur hinterlasse ich denn?« Hierzu gibt es eine anrührende afrikanische Geschichte:

Rafikis Zeichen[47]

Ein Mann schickt seine zwei Söhne mit dem Auftrag aus, sich in der Welt umzusehen und dabei Zeichen am Weg zu hinterlassen. Der eine Sohn befolgt den Auftrag des Vaters strikt wörtlich, knüpft Knoten in Grasbüschel, macht Zeichen an Zweige und ist so damit beschäftigt, dass er keine Zeit findet für Kontakte mit den Menschen in den Dörfern, durch die er kommt. Anders der zweite Sohn. Er nimmt sich Zeit für Gespräche im Palaverhaus, macht sich bekannt mit den Dorfbewohnern, die er auf seinem Weg trifft.

Nach ihrer Rückkehr geht der Vater mit beiden Söhnen nochmals die Wege ab, die sie jeweils gegangen sind. Überall wird der zweite Sohn herzlich aufgenommen; den ersten kennt niemand, denn er hatte das Wichtigste vergessen: Zeichen in den Herzen der Menschen zu hinterlassen.

Zur Wegsymbolik gehören auch die Themen der Begegnungen auf dem Lebensweg und die Frage nach der Gefährt:innenschaft.

Unterwegs auf dem Lebensweg

Lassen Sie sich von den folgenden Hinweisen anregen, über Ihr eigenes Unterwegssein auf Ihrem Lebensweg und Ihre gegenwärtigen Erfahrungen mit schwierigen Wegabschnitten nachzudenken.

- Welche der oben beschriebenen möglichen Arten von Wegen passt auf Ihre Erfahrung des Lebensweges?
- Nehmen Sie ein großes Blatt und zeichnen Sie Ihre Lebenslinie auf, so wie es Ihnen stimmig erscheint: gerade, gebogen, mit Höhen und Tiefen usw. Was waren besondere Wegabschnitte und Wendepunkte? Was für eine Art Weg war der Wegabschnitt für Sie, der gerade hinter Ihnen liegt? Wo stehen Sie gegenwärtig? Wie möchten Sie, dass der Weg weitergeht? Trauen Sie sich, den Weg in die Zukunft ein Stück weiterzuzeichnen.

- Denken Sie einmal besonders nach über Ihren gegenwärtigen Streckenabschnitt auf Ihrem Lebensweg. Gibt es in der Nähe eine Raststätte, wo Sie ausruhen und Ihre Kräfte wieder stärken können?

2. Schutz und Geborgenheit finden

Das Haus

Treffen sich Freunde nach längerer Zeit wieder, so heißt die freundlich-scherzhafte Begrüßung manchmal: »Na, altes Haus, wie geht's dir denn?« Seit die Menschen sesshaft geworden sind und das nomadische Leben aufgegeben haben, sind sie »behaust«, ist das Haus der Ort des Lebens und Wohnens und steht daher als Symbol für die Ganzheit der Person.

Das Haus bietet Schutz und Geborgenheit – es ist die »Höhle« des modernen Menschen. Schon in prähistorischer Zeit hatten Erd- und Felshöhlen für Menschen eine besondere Bedeutung als Schutz- und Lebensort. In Höhlen suchten sie Zuflucht vor bedrohlichem Wetter, und Höhlen galten ihnen als Wohnorte der Erd- und Muttergöttinnen. Die Symbolik der Höhle bezieht sich vor allem auf den schutzgebenden und bergenden Aspekt von Mütterlichkeit – in Erinnerung an die Gebärmutter.

Lassen Sie sich auf das Symbol des Hauses ein, indem Sie – nach einer kurzen Zeit der Entspannung mit geschlossenen Augen – vor Ihrem inneren Auge das Bild eines Hauses entstehen lassen. Lesen Sie sich dazu zuerst die folgende Imaginationsanleitung durch und versuchen Sie anschließend, sich das Haus, Ihr Lebenshaus, entsprechend vorzustellen. Sie können sich auch den Text langsam, mit vielen Pausen, vorlesen lassen, oder Sie sprechen ihn sich selbst auf Band. Besonders hilfreich ist es auch, nach einer Imagination das Haus zu malen.

Rundgang durch das Haus des Lebens

Lassen Sie sich von einem Weg durch innere Seelenlandschaften führen. Nach einer Weile stehen Sie vor einem Haus, das Ihre Aufmerksamkeit anzieht. Es ist das Haus Ihres Lebens.

Betrachten Sie es zunächst von außen. Wie wirkt es auf Sie? Wie gelangt man hinein? Gibt es eine Umzäunung oder Hecke? Sie sehen eine Gartenpforte, die Sie öffnen, und gehen nun auf die Eingangstür zu. Mit Ihrem Schlüssel öffnen Sie die Tür, treten ein und machen langsam einen Rundgang durch das ganze Haus. In welche Zimmer gelangen Sie? Was finden Sie in den einzelnen Räumen vor? Wie fühlt es sich an, in diesem Haus zu sein? Hat es einen bestimmten Geruch?

Schauen Sie sich Ihr Haus in Ruhe genau an. Steht es auf einem sicheren Fundament? Kann es den Witterungen standhalten? Stehen Mauern und Wände fest? In welchem Zustand sind die Mauern? Hat es ein schützendes Dach? Kann man sich hier zu Hause fühlen?

Wenn Sie Ihr Lebenshaus von außen und innen erkundet haben, dann verlassen Sie es, schließen die Türe und machen sich wieder auf den Weg zurück. Sie öffnen wieder die Augen, aber bleiben im Kontakt mit dem inneren Bild.

Wenn Sie wieder im Hier und Jetzt angekommen sind, können Sie Ihrer Imagination noch eine Weile hinterherspüren und sich folgende Fragen stellen:

Wie sieht mein Haus des Lebens aus?

- Welche Räume habe ich gesehen: die Küche mit Herd und Esstisch, Wohnzimmer, Schlafräume, Toiletten, Bad, Flure?
- Wie viele Türen und Fenster als Verbindung nach außen gab es?
- Welche Möbel sind in den Räumen? Wie renovierungsbedürftig zeigt sich das Innere des Hauses?
- Fühle ich mich in diesen Räumen geborgen, »beheimatet«, oder war es im Haus eher ungemütlich, kalt, vielleicht sogar ungeschützt?
- Führte der Weg durchs Innere des Hauses in den Keller oder auf einen Dachboden? Ist dort etwas aus früheren Lebensphasen gelagert, das vielleicht wiedergefunden werden

will? Oder gibt es Dinge, die endlich entsorgt werden sollten?
- Wie sah es in der Küche des Hauses aus? Wird dort gekocht und Nahrung zubereitet? Gibt es dort genügend Vorräte im Sinne einer guten Selbstsorge? Was fehlt vielleicht in diesem Raum oder in anderen Räumen?
- Habe ich beim Betrachten gespürt, dass mir das gewohnte Haus zu eng vorkommt? Gab oder gibt es einen Impuls, das Haus, wie es sich in der Imagination gezeigt hat, zu verändern? Oder wird klar, dass ein Umzug in ein anderes Haus angesagt ist?

In einer tiefenpsychologischen Deutung geht es beim Hausmotiv um das Selbstbild und den gegenwärtigen Zustand: Ein Keller kann für das Unbewusste stehen, der Dachboden für alte Erinnerungen. Das Schlafzimmer ist Ort der Ruhe und der Intimität, die Küche verbindet sich mit der Thematik des Nährens und Ernährtseins, der guten Selbstsorge und dient auch als Ort der Verwandlung durch Feuer und Wärme des Herdes. Ein Bad legt das Thema Reinigung und Pflege nahe. Ein vernachlässigtes und heruntergekommenes Haus verweist auf die Thematik einer problematischen Selbstsorge und Ich-Akzeptanz, ein Haus mit vielen verschiedenen Innenräumen auf den Aspekt der Differenziertheit der Persönlichkeit.

In Krisensituationen kann auch hilfreich sein, ein Wunschhaus zu phantasieren, in dem man sich sicher, geborgen und beschützt fühlt und von guten Geistern umsorgt wird.

Mein Wunschhaus

Wie müsste ein solches Haus der Geborgenheit und des Rückzugs für Sie aussehen? Können Sie es sich konkret vorstellen?

Und wenn Sie einen solchen Rückzugsort gegenwärtig dringend brauchen: Wo wäre er vielleicht zu finden: bei einer guten Freundin, in einem Kloster, an einem vertrauten Ferienort?

Im Grimm'schen Märchen *Das Mädchen ohne Hände* gibt es ein solches Haus der Geborgenheit. Über der Eingangstür ist ein Schild: »Hier wohnt ein jeder frei.« Die Märchenheldin, das Mädchen ohne Hände, verbringt mit ihrem Sohn »Schmerzensreich« in diesem Haus eine Zeit des Rückzugs und der Heilung, von guten Geistern, Engeln, umsorgt. Unter diesen Bedingungen wachsen ihr die Hände wieder nach, die ihr in der Jugendzeit durch teuflische Einwirkungen abgeschlagen worden waren.

3. Wachsen und festen Stand haben

Der Baum

Unser alltägliches Leben ist eng und vielfältig mit den Bäumen, ihrem Holz und ihren Früchten verbunden: Ich steige am Morgen aus meinem Bett, in dessen hölzerner Umrahmung ich wie in einer kleinen Höhle gelegen habe und wo ich geborgen bin. Mein Frühstückstisch und -stuhl sind aus Holz. In meinem Müsli sind Früchte – Lebensmittel, die uns die fruchttragenden Bäume schenken. Das Dach meines Hauses ruht auf einer tragenden Holzkonstruktion. Täglich geht mein Weg an Bäumen vorbei.

Im Frühjahr begeistert uns Menschen die Blüte, im Sommer und Herbst freuen wir uns auf die Ernte von Kirschen, Äpfeln und Pflaumen, im Herbst und Winter können wir die filigranen Kunstwerke der Zweige und Äste bewundern. Die Wälder, die grünen Lungen der Erde, sorgen für die Luft zum Atmen. Das Wurzelwerk der Bäume ist wichtig für den Wasserhaushalt. Erst Bäume machen durch die Photosynthese die Erde wohnlich und bewohnbar.

Als ein Mitlebewesen hatte der Baum für die Menschen schon von Beginn der Kultur an eine besondere Bedeutung. Die Weltenesche Yggdrasil war für die Germanen der Mittelpunkt des Alls. Die mythologischen Menschheitserzählungen berichten vom Baum der Erkenntnis von Gut und Böse im Paradies, vom Ort unter dem Bodhi-Baum, wo Buddha die Erleuchtung fand, von heiligen Bäumen, die in vielen Kulturen als Wohnsitz der Götter galten und daher als heilige Orte verehrt wurden.

Zur Symbolik des Baumes gehören vielfältige Sinnbezüge: Wachstum, Entfaltung, Fruchtbarkeit, Nahrung, Verwurzelung, Nicht-von-der-Stelle-Können, Wandel im Wechsel der Jahreszeiten, Verbindung nach oben und unten, Schutz, Schatten, Leben,

Sterben, Tod und Erneuerung, Individuation. Deshalb lassen sich seelische Wachstums- und Reifungsprozesse, Lebensschwierigkeiten, Schicksalsschläge, Mangelerfahrungen und andere Seelenzustände besonders gut mit Hilfe der Baumsymbolik beschreiben und erfassen. Besonders beeindruckend ist die Regenerationskraft der Bäume im Frühling.

Bevor Sie sich auf eine intensivere Beschäftigung mit dem Baumsymbol einlassen, ein paar Fragen zum Anwärmen:

Meine Beziehung zu Bäumen

- Welche Erlebnisse fallen Ihnen ein, wenn Sie an Bäume denken?
- Welcher Baum fällt Ihnen als erster ein?
- Wie war Ihr Verhältnis zu Bäumen in der Kindheit? Haben Sie im Wald gespielt, sind auf Bäume geklettert, hatten vielleicht sogar ein Baumhaus?
- Gibt es besondere Erfahrungen mit Bäumen, z. B. die alljährliche Pflaumenernte im Garten der Großeltern?
- Hatten oder haben Sie einen Lieblingsbaum?
- Welcher Baum könnte für Sie ein persönliches Resiliensymbol sein?

Sich selbst im Spiegel des Baumsymbols erkennen

Im Baum können wir Bedingungen unserer menschlichen Existenz wiedererkennen: Wir brauchen Standfestigkeit, Halt und Verwurzelung, Aufrichtung, die Möglichkeit, uns auszudehnen, Raum für Entwicklung und Entfaltung nach allen Seiten, erleben uns wie die Bäume ausgespannt zwischen Himmel und Erde. Wie die Bäume sind wir den verschiedenen Wettern ausgesetzt, müssen den Stürmen des Lebens standhalten; mancher Schicksalsschlag trifft wie ein Blitz, und ein harter Frost zur Unzeit kann zarte Triebe zunichtemachen. Hermann Hesse hat dies in einem Gedicht sehr anrührend zum Ausdruck gebracht:

Gestutzte Eiche
Wie haben sie dich, Baum, verschnitten,
Wie stehst du fremd und sonderbar!
Wie hast du hundertmal gelitten,
Bis nichts in dir als Trotz und Wille war!
Ich bin wie du, mit dem verschnittnen,
Gequälten Leben brach ich nicht
Und tauche täglich aus durchlittnen
Rohheiten neu die Stirn ins Licht.
Was in mir weich und zart gewesen,
Hat mir die Welt zu Tod gehöhnt,
Doch unzerstörbar ist mein Wesen,
Ich bin zufrieden, bin versöhnt,
Geduldig neue Blätter treib ich
Aus Ästen hundertmal zerspellt,
Und allem Weh zu Trotze bleib ich
Verliebt in die verrückte Welt.[48]

Bäume sind so vielfältig und unterschiedlich wie Menschen. Die Gestalt eines Baumes macht seine Eigenarten und sein Schicksal sichtbar: ob er in guter Muttererde wachsen konnte, seine Wurzeln Zugang fanden zu Wasserquellen, wie er Hitze, Kälte, Sturm und manchen Schädlingen getrotzt, vielleicht auch einen Blitzschlag überlebt hat, welche Wachstumsschübe in seinen Knospen angelegt sind. Bäume verkörpern die sich ständig verändernde und regenerierende Potenz des Lebens.

Sie können das Symbol des Baumes als einen Spiegel nehmen für sich selbst und Ihre gegenwärtige Lebenssituation: Stellen Sie sich vor, Sie wären ein Baum. Die Eigenschaften und Besonderheiten, die Ihnen zu Ihrem Lebensbaum einfallen, sagen etwas aus über Sie selbst: wie das Schicksal Sie geformt hat, Sie hat wachsen lassen oder wie das Leben Sie in Ihren Wachstumsmöglichkeiten auch beeinträchtigt hat bzw. ein Schicksalsschlag »wie ein Unwetter« über Sie hereingebrochen ist. Die folgenden Fragen können Ihnen helfen, sich imaginierend auf das Baumsymbol einzulassen:

Baum-Imagination

Was für eine Art Baum bin ich? Wie stehe ich gegenwärtig in meinem Leben? Habe ich festen Boden unter mir oder erlebe ich unsicheren Grund? Welches Bild kommt mir, wenn ich auf meine Wurzeln schaue? Kann ich genügend Nährstoffe aus dem Boden ziehen, da, wo ich stehe? Ist mein Lebensbaum ein Flachwurzler oder ein tiefwurzelnder Baum?

Ist mein Stamm kräftig? Wie ist die Schutzhülle des Stammes, die Rinde, gibt es dort Verletzungen? Wie viel Halt in mir selbst spüre ich, wenn ich mich aufrecht hinstelle?

Kann sich die Krone meines Lebensbaumes mit seinen Ästen und Zweigen frei entfalten? Gibt es Einengungen? Hat etwas meinen Baum zurechtgestutzt, ihm Äste abgesägt? Oder gibt es tote, verdorrte Äste, die losgelassen werden sollten?

In welcher inneren Jahreszeit befindet sich mein Lebensbaum? Ist es gegenwärtig Herbst oder Winter? Ist es Zeit, die alten Blätter loszulassen? Gilt es, eine Zeit der Stille, des Stillestehens (Stillstands) zu ertragen?

Oder spüre ich, dass neue Kräfte sich vorsichtig regen und auf eine neue Blütezeit hinstreben? Oder stimmt das Bild von Herbst und Erntezeit für mich, dass ich meine eigenen Lebensfrüchte und Lebensleistungen dankbar wahrnehme und mich daran freuen kann?

Vorschlag: Befreunde dich mit einem Baum

Ein Baum ist ein guter Lebensbegleiter. Still und ruhig wächst er an seinem Ort, erweitert sich Jahr um Jahr mit einem neuen Jahresring. Er hat Unwetter, Stürme und Gewitter ertragen, ihnen standgehalten und erneuert sich auf seine Weise in jedem Frühjahr.

Wenn wir in eine Krise geraten, können wir Hermann Hesses Rat folgen:

Wenn wir traurig sind und das Leben nicht mehr gut ertragen können, dann kann ein Baum zu uns sprechen: Sei still! Sei still! Sieh mich an! Leben ist nicht leicht, Leben ist nicht schwer. Das sind Kindergedanken. Laß Gott in dir reden, so schweigen sie.[49]

Vielleicht mögen Sie auch einmal ausprobieren, wie es ist, sich mit einem Baum anzufreunden. Wenn ich mich innerlich in Unordnung befinde, so hilft mir mein Baumfreund – es ist eine alte Eiche, die mitten in einem Feld steht, mit freiem Blick in die Landschaft –, wieder gelassener zu werden, mich zu erden, zu sortieren, mit klarem Blick auf mich selbst und die gegenwärtige Situation zu schauen.

Freundschaft mit einem Baum schließen

Wenn Sie noch keinen Baum als Freund haben, dann nehmen Sie sich die Zeit, einen Spaziergang durch das Viertel zu machen, in dem Sie wohnen – auf der Suche nach einem Freund. Versuchen Sie es einmal so:

Lassen Sie sich finden und von einem Baum ansprechen – er mag auf dem Nachbargrundstück stehen, vielleicht in einem nahegelegenen kleinen Park oder am Straßenrand. Machen Sie sich auf jedem weiteren Spaziergang langsam mit ihm vertraut, entdecken Sie immer mehr Einzelheiten und Besonderheiten dieses Baumes. Erleben Sie den Wechsel der Jahreszeiten mit ihm, und, wenn es möglich ist, versuchen Sie, ihn zu betasten, zu riechen, sich an ihn anzulehnen, ihn irgendwann zu umarmen und seine Kraft zu spüren.

Mag sein, dass es für andere lächerlich aussieht, einen Baum zu umarmen. Aber trauen Sie Ihren eigenen Erfahrungen. Vielleicht erleben Sie etwas Neues und Wertvolles, können etwas spüren von der Lebenskraft eines Baumes. Vielleicht kann der Baum Sie etwas lehren, das Ihnen im Leben hilft, Ihren eigenen Resilienzkräften zu trauen.

Die Bäume und die Steine werden dich Dinge lehren, die dir kein Mensch sagen kann. (Bernhard von Clairvaux)

4. Schwierige Aufgaben bewältigen

Der Berg

Berge sind Urlandschaften – wie das Meer, die Ebene und die Wüste. Der Berg steht für besondere Herausforderungen, die Bergbesteigung für die Bewältigung von schwierigen Aufgaben, der Gipfel unter Umständen für schwer erreichbare Ziele, aber auch für die Sehnsucht nach Höhe, nach unbeschränkter Weite. Der Weg aus dem Tal kann ein langsamer, mühsamer Aufstieg sein, er verlangt ein Aufgeben von Sicherheiten. Aber es kann ein Weg sein, der aus der Enge in die Weite und Höhe führt.

Der Mount Everest im Himalaja-Gebirge ist mit seinen 8848 Metern der höchste Berg der Erde und galt lange Zeit als unbezwingbar, heute ist er eine Herausforderung für Extrembergsteiger.

In archaischen Vorstellungen sind Berge selbst mythische Wesen voller geheimer Kraft und Anziehung. In der Frühzeit waren Berghöhen auch Orte für kultische Opferstätten. In Deutschland galt im Mittelalter der Blocksberg im Harz als Hexenort, als Treffpunkt von Hexen und Teufeln. Der Sage nach lebt Friedrich Barbarossa im Kyffhäuser weiter.

Der Berg, das Felsmassiv, steht für Härte, Starre, Stein und Gewicht, ebenso für Beständigkeit, Ruhe, Ewigkeit. Berge werden aber auch als Verbindung von Erde und Himmel erlebt. Namentlich die heiligen Berge wurden und werden als Thronsitz der Götter verehrt. Mit der Pilgerfahrt zu heiligen Bergen verbindet sich das Streben, einen höheren Bewusstseinszustand zu erreichen. So ist der heilige Berg Kailash auch heute noch das Ziel buddhistischer Pilger, aber auch den Hindus gilt er als Wohnsitz von Gott Shiva. In Japan kommt dem Fujiyama besondere Verehrung zu. Für Juden und Moslems ist der Tempelberg in Jerusalem ein besonderer, heiliger Ort. Zur Pilgerschaft der Moslems nach Mekka gehört auch der dreimalige Weg vom Berg Safa zum Berg Marwa, zwei Berge bei Mekka.

In den biblischen Geschichten des Alten und Neuen Testaments sind Berge Orte besonderer Gotteserfahrung und Gottesbegegnung. Gott spricht zu Moses am Berg Horeb und offenbart sich dort (Ex 3,1–15). Moses erhält auf diesem Berg die 10 Gebote als Weisung für das rechte Leben (Ex 19–20). Immer wieder wird Gott in der Höhe gesucht und um Hilfe gebeten, so z. B. in Psalm 121: »Ich hebe meine Augen auf zu den Bergen: Woher kommt mir Hilfe?«

Auch im Neuen Testament spielt der Berg immer wieder eine besondere Rolle: als Ort der Versuchung Jesu durch den Teufel (Mt 4,8–10), als Ort besonderer Erfahrung, so in der Geschichte von der Verklärung Jesu auf dem Berg Tabor (Mt 17,1–9). Auf dem Ölberg im Garten Gethsemane litt Jesus Todesangst, auf dem Kalvarienberg wurde er gekreuzigt. Und die wichtigste Botschaft Jesu, die Seligpreisungen, sind uns als die sogenannte Bergpredigt überliefert (Mt 5,1–7).

Manche Lebensschwierigkeiten können wie ein Berg anmuten, vor dem man steht und der die Aussicht versperrt. Manche Krisen verlangen, den Aufstieg aus den Tiefen, der Bedrückung und Not zu wagen, langsam, Schritt für Schritt vorwärtszugehen und sich in Serpentinen aufwärtszubewegen, das Tal der Tränen hinter sich zu lassen, immer wieder auch stehen zu bleiben und Atem zu schöpfen. Manchmal braucht es auch den Blick zurück, um sich zu vergewissern, dass schon eine schwierige Wegstrecke geschafft ist. Der Berg fordert den Willen heraus und die Anstrengung, nicht zu kapitulieren. Und ist der Gipfel erreicht, so kann der freie Blick in die Weite der Landschaft Überblick und neue Sichtweisen bedeuten und alle Mühen und Anstrengungen des Aufstiegs lohnen.

Vielleicht fühlen Sie sich manchmal so, wie es Rainer Maria Rilke in dem folgenden Gedicht beschrieben hat:

Ausgesetzt auf den Bergen des Herzens. Siehe, wie klein dort,
siehe: die letzte Ortschaft der Worte, und höher,
aber wie klein auch, noch ein letztes Gehöft vom Gefühl. Erkennst du's?
Ausgesetzt auf den Bergen des Herzens. Steingrund
unter den Händen. Hier blüht wohl
einiges auf; aus stummem Absturz
blüht ein unwissendes Kraut singend hervor.
Aber der Wissende? Ach, der zu wissen begann
und schweigt nun, ausgesetzt auf den Bergen des Herzens. [...][50]

Der Abstieg von der Höhe eines Berges, den man erklommen hat, ist mit neuen Anforderungen verbunden. Manche Menschen hocken jedoch auf einem selbst angehäuften Berg von Sorgen, Ängsten und Kümmernissen, und es ist sehr schwer für sie, von dort herunterzukommen oder gar den Sorgenberg abzutragen.

Über den Berg kommen

Visualisieren Sie den Berg Ihrer gegenwärtigen Schwierigkeiten, der sich in Ihrer inneren Seelenlandschaft aufgetürmt hat. Sie kommen nicht um ihn herum: Es wird Ihnen klar: Sie müssen über den Berg kommen. Aber allein trauen Sie sich den Weg nicht zu, Ihnen wird klar: Sie brauchen einen Bergführer. Überlegen Sie, wie Sie einen Bergführer finden können, einen realen, erfahrenen Krisenbegleiter oder eine Therapeutin (griech. *therapeutés* = Gefährte), der Sie sich anvertrauen können. Es kann auch eine zuverlässige alte Freundin oder ein guter Freund sein, der Ihnen helfen wird, wenn Sie den Mut aufbringen, ihn darum zu bitten, Sie auf Ihrem schwierigen Weg aus dem Gebirge hinaus eine Weile zu begleiten und Sie dabei zu unterstützen, über den Berg zu kommen.

Wichtig ist auch: Was brauchen Sie an Ressourcen, welche Aspekte der Resilienz sind in der Situation, die Ihnen wie eine schwierige Bergüberquerung vorkommt, hilfreich? Was könnte z. B. Ihren Optimismus stärken, dass Sie den Weg schaffen?

5. Das innere Licht wieder hervorlocken

Die Sonne

Das Symbol der Sonne ist außerordentlich vielfältig: Sonnenaufgang und Sonnenuntergang, Winter- und Sommersonnenwende hängen zusammen mit den Mysterien von Sterben, Tod und Wiedergeburt, die bei verschiedenen Völkern mit vielfältigen Licht- und Feuerritualen besonders gefeiert wurden. In manchen Gegenden Deutschlands gibt es auch heute noch ein Brauchtum, zur symbolischen Vertreibung des Winters Feuerräder den Berg hinunterzurollen oder Osterfeuer anzuzünden. In den skandinavischen Ländern ist das größte Fest des Jahres die Mitsommerwende, der längste Tag des Jahres.

Sonnenlicht und Wärme sind für alles Leben auf unserem Planeten absolut lebensnotwendig. Entsprechend ist die Sonne in vielen Religionen das Symbol der höchsten Gottheit. Für uns ist die Sonne das wichtigste Gestirn des Himmels, obwohl wir heutigen Menschen wissen, dass sie nur einer unter zahllosen Fixsternen in unserer Galaxie ist und nicht, wie die Menschen der Frühzeit glaubten, Mitte und Urgrund des Alls. Die Sonne bestimmt durch ihre Anziehung das Leben auf unserem Planeten. Er kreist auf seiner Bahn um die Sonne und dreht sich gleichzeitig um sich selbst. So entstehen der Wechsel von Tag und Nacht und auch die Jahreszeiten.

Die Sonne ist ein Symbol für Lebensenergie und Kraft. Sie kann allerdings auch zerstörerische Kräfte des Verbrennens bedeuten. In den Gestirnen Sonne, Mond und Sterne finden die Menschen Gleichnisse für Werden und Vergehen, für Leben, Tod und Wiedergeburt. Die kosmischen Rhythmen von Sonne, Mond und Sternen hatten von Beginn der Entwicklung menschlichen Bewusstseins an eine große Faszination, weshalb schon die Menschen der Frühzeit die Gestirne und ihre Kreisläufe erforschten und besondere Tempel, z. B. Stonehenge, dafür bauten. Auch in den religiösen Mythen und Gebräuchen haben sie ihren Niederschlag gefunden.[51]

Ein bewusst erlebter Sonnenaufgang am Morgen kann die Hoffnungs- und Lebenskräfte auf besondere Weise stärken (siehe die übernächste Übung), lässt vielleicht auch die innere Sonne der Resilienz aufgehen – als heitere Stimmung, als Gefühl der Belebung, als Zuversicht. Auch die Tageszeit des Sonnenuntergangs lädt ein, innezuhalten und sich am Ende dieses Tages zu orientieren und sich selbst wahrzunehmen. Im Licht der Abendsonne erscheinen die Dinge der Welt verwandelt; manche Pflanzen und Blüten leuchten wie glühend noch einmal besonders auf, anderes wirkt durch die andere Brechung des Lichtes wie durchlässig und transparent. Aber die Schatten wachsen, werden länger, bald liegt die Welt in Schatten und Dunkelheit. Dankbarkeit, Wehmut, Melancholie, Ängstlichkeit können sich in der Abendstimmung mischen.

Den Sonnenuntergang erleben

Beobachten Sie von einem noch sonnenbeschienenen Platz aus, wie die Schatten weiterwandern und auch Sie erreichen. Es geht darum, sich von diesem Tag mit all seinen Erfahrungen zu verabschieden, innerlich loszulassen, was Sie gelebt und erlebt haben.

Beim Sonnenuntergang gehen wir von einer aktiven Phase über in eine passive der Erholung und des Ausruhens; das Tagesbewusstsein tritt zurück. Ein altmodisches Wort – Feierabend – lädt dazu ein, den Abend feiernd zu begrüßen. Es gilt, Abschied zu nehmen im Bewusstsein der Vergänglichkeit – von allem Schwierigen, aller Mühe und Last dieses Tages, ebenso auch von allem Guten.

Was vergangen, kehrt nicht wieder. Aber ging es leuchtend nieder, leuchtet's lange noch zurück. (Karl Förster)

Auch der Sonnenaufgang ist eine hervorragende Zeit für eine meditative Übung. Wenn Sie ganz früh aufstehen, können Sie es in der Realität unmittelbar erleben, aber auch in einer Imagination.

Sonnenaufgang

Stellen Sie sich für diese Übung eine Landschaft vor, die Ihnen einen weiten, freien Blick über den Horizont erlaubt: eine Landschaft am Meer oder auf einem Berg oder in der Weite einer flachen Ebene, eine Landschaft, die Sie mögen.

Es ist noch dunkel, aber eine erste leichte Erhellung der Morgendämmerung ist bereits wahrnehmbar. Sie schauen nach Osten, beobachten, wie der Himmel sich langsam erhellt, und warten, innerlich ganz konzentriert, auf den Aufgang der Sonne. Morgenröte kündigt ihr Kommen an. Aber noch immer ist sie nicht erschienen. Plötzlich leuchten die ersten Strahlen am Horizont auf, erhebt sich die Sonnenscheibe. Die Strahlen der Sonne erreichen Ihr Auge, den ganzen Körper. Sie schauen und spüren, wie sich auch innerlich in Ihnen dunkle Wolken teilen und eine innere Sonne aufleuchtet, die Ihnen Mut und Zuversicht gibt. Der neue Tag ist ein Geschenk des Lebens. Verneigen Sie sich, und beim Aufrichten öffnen Sie sich ganz bewusst den Erfahrungen und dem Licht dieses neuen Tages.

Die wärmende Kraft der Sonne ist von großer Bedeutung für unsere physischen Resilienzkräfte. Wenn Sonnenstrahlen auf die Haut treffen, gibt es vielfache anregende Wirkungen; Hautzellen und Drüsen reagieren, Blutgefäße weiten sich und die Blutzirkulation wird beschleunigt. Über die Haut wird der ganze Körper erwärmt, wir atmen tiefer, fühlen uns beruhigt, gekräftigt, von der Sonne »gestreichelt«; der Appetit wird angeregt, die Grundstimmung steigt.

Der Sonnenschein und die sinnliche Erfahrung von Sonne und Wärme sind für alle Menschen eine Quelle von Freude und

Wohlbehagen. Dies hat die Dichterin Ingeborg Bachmann unnachahmlich ausgedrückt in der Gedichtzeile:

Nichts Schönres unter der Sonne als unter der Sonne zu sein.[52]

6. Die Lebensquellen wiederfinden

Das Wasser

Wasser ist der kostbarste Schatz der Erde, das wichtigste Lebensmittel. Ohne Wasser gäbe es kein Leben auf der Erde. Wir Menschen bestehen zu ca. 70 Prozent aus Wasser – so wie der Planet Erde. Wir müssen täglich Wasser trinken; Wassermangel wird nach 8–10 Tagen tödlich. Wasser wirkt belebend, erneuernd, reinigend und heilend. Es ist sozusagen das Urelement der Resilienz.

Die Wörter *mater, mare, materia* haben denselben etymologischen Ursprung in der Ursilbe *ma*. Aus dem mütterlichen Schoß der Erde kommen die Quellen hervor. Im Fruchtwasser der Gebärmutter wächst das ungeborene Kind heran. Alles Leben entstammt dem Wasser, wusste schon der griechische Philosoph Thales. Quellgebiete waren in der Frühzeit heilige Orte, an denen Tempel gebaut wurden und zumeist weibliche Gottheiten verehrt wurden. In Nachfolge der Nixen und mütterlichen Wassergottheiten wurden die Quellen und Brunnen im Mittelalter unter den Schutz der Gottesmutter Maria gestellt. Auch die Krypta in der Kathedrale von Chartres birgt noch einen alten keltischen Brunnen als Hinweis auf die uralte matriarchale Vergangenheit dieses Ortes.

Die menschliche Urerfahrung von der notwendigen und lebenserhaltenden Kraft des Wassers hat ihren Ausdruck in der Symbolik von Quelle und Brunnen gefunden.

In vielen religiösen Symbolen und Ritualen geht es um die reinigende, erneuernde und lebensspendende Kraft des Wassers, so z. B. in der christlichen Taufe an den Taufbecken in den Kirchen. Für Moslems sind Waschungen zur Vorbereitung des Gebets vorgeschrieben, für Hindus ist das Bad im Ganges ein heiliges Ritual. Zu den großen griechischen Heiltempeln gehörten stets auch heilige Quellen. In seinem berühmten Sonnengesang lobt Franziskus das Wasser: »Gelobt seist du, mein Herr, durch Schwester Wasser, die sehr brauchbar ist und demütig und kostbar und keusch.«[53]

Wasser steht für die vitale Lebensdynamik und ist auch ein Symbol für Gefühle. Wir sagen z. B.: »Ich fühle mich wieder munter wie ein Fisch im Wasser«, oder in einer bedrohlichen Situation: »Mir steht das Wasser bis zum Halse.« Wir können von Gefühlen »überflutet« werden, haben »nahe am Wasser gebaut« oder fühlen uns, bei einem Mangel an Gefühlen, »innerlich wie ausgetrocknet«. Auch in den verschiedenen Erscheinungsformen des Wassers finden wir innere Zustände symbolisiert: Gefühle können aufgewühlt sein wie das Meer bei einem Sturm, Gefühle können wie eingefroren sein, und so wie eine ruhige, spiegelglatte Wasseroberfläche den Blick in die Tiefe erlaubt, ist es auch in einem beruhigten Zustand innerer Stille möglich, untergründige Gefühlsströmungen und Bewegungen in den Tiefen der eigenen Seele wahrzunehmen.

In zahlreichen Mythen, Märchen und im Volksbrauchtum geht es immer wieder um die erfrischende, reinigende, heilende und verjüngende Kraft des Wassers. Im Grimm'schen Märchen *Das Wasser des Lebens* muss dieses Wasser unter Gefahren für den sterbenskranken König gesucht werden. Durch den Sprung in den Brunnen gelangt man aber auch in numinose Jenseitsbereiche, z. B. im Märchen von der Frau Holle, in der die archetypische Gestalt einer matriarchalen Gottheit anklingt, die Erde und Himmel verbindet und bei der man etwas lernen kann über den Wechsel der Jahreszeiten und die Rhythmen des Lebens.

Die lebenswichtigen Quellen in den Dorfbrunnen, aus denen täglich das Wasser geschöpft werden musste, waren aber auch Orte der sozialen Begegnung und insbesondere in vielen Erzählungen und Gedichten Orte der erotischen Begegnung von Mann und Frau. Der Blick in den Brunnen hat auch die Bedeutung der Spiegelung zur Selbsterkenntnis.

Das fließende und bewegliche Quellwasser ist Symbol für Lebendigkeit. Wo nichts mehr fließt, wo der Fluss der Lebensenergie gestört ist und zum Stillstand gekommen ist, erstarrt das Leben.

Auf wunderschöne Weise greift der Dichter Reiner Kunze das Quellensymbol in einem Gedicht auf:

Sensible Wege

Sensibel
ist die erde über den quellen: kein baum darf
gefällt, keine wurzel
gerodet werden

Die quellen könnten
versiegen

Wie viele bäume werden
gefällt, wie viele wurzeln
gerodet

in uns[54]

Im Nachklang zu diesem Gedicht lässt sich fragen: »Welche Quellen in mir wurden verschüttet, welche Bäume gerodet?« Aber auch die folgenden Fragen können Sie zur Selbsterkundung mit Hilfe des Wassersymbols anregen:

Wasser und Quelle

- Was brauche ich so nötig wie Wasser?
- Aus welchen Quellen kann ich schöpfen?
- Was stärkt mich und belebt mich?
- Was sind Quellen von Erfrischung und Lebensfreude für mich?
- Wann sprudelt es in mir an kreativen Ideen und Einfällen?
- Was sind für mich spirituelle Quellen?

Von der Quelle zur Mündung fließt unser Lebensfluss, sucht sich seinen Weg durch Hindernisse und Umwege, bevor er sein Ziel, die Mündung ins Meer, erreicht. Mit all seiner Weichheit und Beharrlichkeit überwindet das Wasser alles Harte. Das weiche Wasser bricht den Stein, belehrt uns das Tao-Te-King, das chinesische Weisheitsbuch.

In der griechischen Mythologie kennzeichnen Flüsse auch den Grenzbereich zwischen Leben und Tod. Dort wird von den Quellen der Lethe und der Mnemosyne in der Unterwelt berichtet, die die Eigenschaft hatten, alles auf der Erde Erlebte auszulöschen bzw. im Gedächtnis zu bewahren.

Die Reise des Bachs

Machen Sie mit Hilfe Ihrer Phantasie eine lange Reise. Sie beginnt an einer Quelle, die am Fuß eines Berges, in einem Wiesental, aus der Erde tritt. Beobachten Sie, wie sich der kleine Bach seinen Weg sucht, durch die Wiesen weiterfließt und sich dabei langsam verbreitert. Am Ufer entdecken Sie Frühlingsblumen, himmelblaue Vergissmeinnicht und leuchtend gelbe Sumpfdotterblumen.

Mühsam bahnt sich der Bach seinen Weg durch ein Waldgebiet, rechts und links ragen Wurzeln alter Bäume in die Uferbereiche und ziehen Wasser.

Der Bach verbreitert sich, wird allmählich zum Fluss und erhält von den Menschen nun einen Namen. Er fließt an Ländern und Städten vorbei, wird zur Wasserstraße für die Menschen, die mit ihren Schiffen auf dem Wasser fahren.

Beobachten Sie den Wechsel der Jahreszeiten am Fluss: im Sommer, wenn Kinder fröhlich im Wasser schwimmen und die Fische springen, die Abkühlung der Wassertemperatur im Herbst, die aufsteigenden Herbstnebel über dem Wasser, wie sich im Frost des Winters eine Eisdecke an der Oberfläche des Wassers bildet und wie mit Beginn des Frühjahrs das Eis bricht und Eisschollen treiben.

Beobachten Sie, wie der Fluss seine Reise durch andere Länder fortsetzt und endlich im Mündungsgebiet sein Ziel, das Meer, erreicht und sich ins Meer ergießt.

Nun sehen Sie, wie über der Wasseroberfläche des Meeres das Wasser wieder in feinen Tröpfchen aufsteigt, zu Wolken wird, die über den Horizont landeinwärts ziehen.

Vor dem Gebirge fließt der Regen zur Erde nieder, wird vom Erdreich aufgenommen, sammelt sich unterirdisch erneut, sucht seinen Weg und taucht als Quelle wieder auf. Eine neue Reise beginnt im Wechselspiel und Kreislauf der Verwandlungen.

Goethe hat den Vergleich der Seele mit dem Wasser in einem Gedicht so beschrieben:

Gesang der Geister über den Wassern
Des Menschen Seele
Gleicht dem Wasser:
Vom Himmel kommt es,
Zum Himmel steigt es
Und wieder nieder
Zur Erde muß es,
Ewig wechselnd. [...][55]

7. Hoffen und neu beginnen

Der Regenbogen

Geht es Ihnen auch so, dass Sie fasziniert stehen bleiben und innehalten, wenn ein Regenbogen am Himmel erscheint? Wenn die Sonne tief steht, dunkle Wolken zugleich mit der Sonne am Himmel sind und die Sonnenstrahlen auf Regentropfen treffen, dann wird das weiße Licht in die Spektralfarben Rot, Gelb, Grün und Blau zerlegt. Es ist ein wunderbares Naturschauspiel, aber auch ein besonderes Natursymbol.

Der Regenbogen gilt als Brücke zwischen Himmel und Erde, als Thron der Götter. Er wird auch als Symbol der Gegensatzvereinigung gesehen: Das Feuer der Sonne und das Wasser in den Regentropfen der dunklen Wolken verbinden sich im Regenbogen. In der Bibel ist er das Zeichen der Versöhnung zwischen Gott und den Menschen. So wird im Alten Testament erzählt, wie Jahwe nach der großen Sintflut mit Noah wieder einen Bund schließt (Gen 9,8–16). Auf Abbildungen des Jüngsten Gerichtes ist der Regenbogen der Thron Christi.

Vielen Naturvölkern galt der Regenbogen als Zugang zur Anderswelt und als besonderes göttliches Zeichen. In der germanischen Mythologie verbindet der Regenbogen die Menschenwelt Midgard mit Asgard, der Welt der Götter, der Asen. Bei den alten Griechen ist der Regenbogen das Zeichen der Göttin Iris, einer goldgeflügelten Botin im Auftrag von Zeus und Hera. Auf dem Regenbogen ist die Götterbotin Iris zwischen Himmel und Erde unterwegs. Die Regenbogenhaut des Auges heißt daher Iris. In buddhistischen Vorstellungen steht der Regenbogen für das Licht des Nirwana.

Auch in der Ökologie- und Friedensbewegung, vor allem bei *Greenpeace*, wurde der Regenbogen zum Symbol für ein anderes, versöhntes Verhältnis zur Natur, für den Widerstand gegen Naturausbeutung und Zerstörung.

Im Farbspektrum des Regenbogens leuchten auf:

- Das Rot des Feuers, der Lebensfreude, der Vitalität und Energie.
- Das Orange, das sich mischt aus Gelb und Rot. Es steht für etwas Aufregendes, Neues, eine frohe, offene, dem Leben zugewandte Haltung.
- Das Gelb, die Farbe des Sonnenlichts, der Wärme und Ausdehnung.
- Das Grün ist die Farbe des Wachstums und des Gedeihens, der Hoffnung und Neuwerdung, die von der hl. Hildegard so oft benannte Grünkraft.
- Das Blau ist die Farbe der Sehnsucht, der Unendlichkeit und Tiefe, vermittelt Ruhe, ist die Himmelsfarbe.
- Violett ist die geheimnisvolle Farbe, die aus Blau und Rot entsteht, die spirituelle Farbe der Mystik, der Weisheit, der Passion und des Leidens, aber auch der Überwindung der Gegensätze.

Am Horizont der Seele einen Regenbogen aufleuchten lassen

Der Regenbogen ist ein Zeichen der Hoffnung. Malen Sie Ihren eigenen Regenbogen und mischen Sie dabei die Grundfarben in ihrer Stärke und Intensität so, wie es für Sie gegenwärtig passt, entsprechend der Bedeutung, die die einzelnen Farben für Sie gegenwärtig haben. Also, wie viel Rot, Gelb, Grün, Orange, Blau und Violett brauchen Sie gegenwärtig für Ihren Regenbogen? Benötigen Sie viel belebendes Rot, hoffnungsvolles Grün, wärmendes Gelb, auf Neues ausgerichtetes Orange usw.?

Übrigens: In Goethes *Faust* (2. Teil, I,1) heißt es: »Am farbigen Abglanz haben wir das Leben.« Was meinte er wohl mit diesem Satz?

8. Im eigenen Zentrum ankommen

Spirale und Labyrinth

Überall finden wir Spiralformen: in Wasserstrudeln, in Windhosen und Hurrikans, in den Formen von Muscheln, von Galaxien, im Seepferdchenschwanz und bei Antilopenhörnern. Das spiralförmige Sich-Ausrollen schützt das junge Farnblatt vor Hitze und Austrocknung, ebenso vor Kälte und Frost. Auch welkende Blätter können sich einrollen. Im Embryo ist die Spirale eine physikalische und biologische Urform. Tiefenpsychologisch gesehen ist sie ein archetypisches Bild.

Bereits in der Steinzeit, in den Megalithkulturen der Jungsteinzeit z. B. auf Malta und Island, finden sich an den Kultstätten und auf Felsbildern Spiralformen. Und auch in der modernen Kunst, bei Klimt, van Gogh und Hundertwasser, sehen wir Spiralen in zahlreichen Bildern. In wunderbaren Versen hat der Dichter Rainer Maria Rilke das Symbol der Spiralringe aufgegriffen:

Ich lebe mein Leben in wachsenden Ringen,
die sich über die Dinge ziehn.
Ich werde den letzten vielleicht nicht vollbringen,
aber versuchen will ich ihn.

Ich kreise um Gott, um den uralten Turm,
und ich kreise jahrtausendelang;
und weiß noch nicht: bin ich ein Falke, ein Sturm
oder ein großer Gesang.[56]

Die sich rechtsherum, nach außen drehende Spirale steht für Entfaltung, Ausdehnung, dynamische Weiterentwicklung, Evolution. Sie kann verstanden werden als eine Einladung zur Extraversion, zur Haltung, sich weiter nach außen zu öffnen. Die sich nach links drehende, sich einrollende Spirale symbolisiert den Weg zurück zum Ursprung, zur Vergangenheit. Sie steht für Kontraktion, Involution, Rückzug und symbolisiert mit ihrer nach innen, zum Zentrum hin verlaufenden Spirallinie eine Introversion, ein Sich-nach-innen-Wenden, zur eigenen Mitte hin – wie eine Schnecke, die sich in ihr Schneckenhaus zurückzieht. Ingrid Riedel beschreibt dies so: »Es gilt, dem Bisherigen auf den Grund zu kommen, genauer – im Sinne der Spirale – eine neue Einwärtsdrehung zu vollziehen, um eine Wandlung einleiten zu können.«[57] Die Spirale kann auch ein Bild sein für das sich ausweitende Umkreisen eines Problems bzw. sie symbolisiert umgekehrt die Bewegung, sich der Mitte, dem innersten Kern eines Problems anzunähern.

Die Spirale kann als eine universale Lebenslinie verstanden werden und wird zum Symbol des Lebensprozesses selbst. Denn wer sich auf einer Spirale bewegt, kehrt, anders als auf dem Kreisbogen, niemals an den gleichen Ort zurück. Und anders als bei der Bewegung auf der Linie bildet sich hier kein fixes Ziel. Im Gegenteil, auf der Spirale durchqueren wir immer neue Räume, nehmen viele und nicht nur einen Blickwinkel ein und gelangen immer wieder ins Offene. Damit beschreibt die Spirale die Entwicklungslinie des Lebens.

In der Doppelspirale vereinen sich beide Richtungen, die Drehung nach innen und die nach außen.

Abb. 1: Doppelspirale

In der Form des Sich-Einrollens vermittelt die Spirale ein In-sich-Gehen, einen Rückzug auf sich selbst, eine Bewegung der Schutzsuche. Manchmal ist es in Krisensituationen notwendig, sich ganz nach innen zu wenden, zur Mitte, um dort den Ansatzpunkt für eine Wende, eine neue Entwicklung zu finden. In der Mitte, an einem Ort des Innehaltens, kann sich eine Wandlung vollziehen, eine erneute Wendung nach außen, eine Bewegung von der inneren Wirklichkeit wieder zur äußeren. Die Doppelspirale kann somit für den gesamten Prozess der Bewältigung einer schwierigen, kritischen Lebenssituation stehen, sie wird zum Symbol eines grundlegenden Wandels.

Meine Lebensspirale

Nehmen Sie einen großen Bogen Papier und zeichnen Sie verschiedene Spiralen. Spielen Sie mit Spiralformen, bis Sie eine Form entdecken, die Sie in Bezug auf Ihre gegenwärtige Lebenssituation als stimmig empfinden. Kennzeichnen Sie mit Hilfe Ihrer Intuition den Punkt, an dem Sie sich gegenwärtig befinden, und spüren Sie, was dieser gegenwärtige Ort für Sie bedeutet.

Wohin zieht es Sie – nach innen oder außen? Was liegt bereits hinter Ihnen, was könnte vor Ihnen liegen?

Die Spirale ist ein Symbol der Grunderfahrung des sich entfaltenden Lebens. Noch geheimnisvoller ist das Urbild des Labyrinths, ebenfalls jahrtausendealt und an vielen Orten und in vielen Kulturen zu finden. Tritt man in ein Labyrinth ein und folgt dem Weg, wird man in die Mitte, ins Zentrum, geleitet, allerdings auf Umwegen, Kurven und Umschwüngen. Der gesamte Innenraum muss durchschritten werden; immer wieder ändert sich die Richtung – ein Bild für die verschlungenen Wege eines Menschenschicksals.

Bei einem Labyrinth gibt es einen ständigen pendelartigen Wechsel der Bewegungsrichtung, während eine Spirale die konzentrische Richtung beibehält. Im Gegensatz zu einem Irrgarten ist der Weg in einem Labyrinth kreuzungsfrei; er bietet keine Wahlmöglichkeit, sondern führt immer zum Zentrum. Um wieder hinauszugelangen, muss man seine Gehrichtung ändern. Der Irrgarten, der manchmal auch Labyrinth genannt wird, hat Kreuzungen und Sackgassen, und man kann sich, wie der Name sagt, darin verirren. Zwischen einem Labyrinth und einem Irrgarten besteht also ein wichtiger Unterschied. Entsprechend gibt es Lebenssituationen, die wie ein Irrgarten für uns sind, andere sind labyrinthisch: Man sieht zwar nicht, wie der Weg jeweils weiter zur Mitte oder hinaus geht, aber der Weg führt, man muss sich ihm nur anvertrauen.

Abb. 2: Labyrinth

Auch das Labyrinth ist eine faszinierende Urform, die erfahren sein will. Im Labyrinth geht es darum, den Weg zur Mitte, zum Zentrum, zu gehen und symbolisch im eigenen Zentrum der ganzen Persönlichkeit, dem Selbst, anzukommen. Aus dem Selbst heraus, der eigenen Mitte, zu leben, nennen wir heute: den Weg der Individuation gehen. C. G. Jung sagt dazu:

Der richtige Weg zur Ganzheit aber besteht – leider – aus schicksalsmäßigen Um- und Irrwegen. Es ist eine »longissima via«, nicht eine gerade, sondern eine gegensatzverbindende Schlangenlinie [...], ein Pfad, dessen labyrinthische Verschlungenheit des Schreckens nicht entbehrt. Auf diesem Wege kommen jene Erfahrungen zustande, die man als »schwer zugänglich« zu bezeichnen beliebt.[58]

Die mutige Labyrinthgängerin, die die Wahrheit ihres Lebens herausfinden will, wird durch die Umgänge genötigt, um die Mitte ihrer selbst herumzugehen, mit sich selbst umgehen zu lernen, sich von allen Seiten wahrzunehmen. Sie kann die Mitte nur erreichen, wenn sie zuvor den ganzen Innenraum abschreitet, alle Richtungen und Dimensionen ihres Wesens erkundet und in die Mitte ihrer Person einbringt. Im Labyrinth gehen ja alle Gänge ineinander über, hängen miteinander zusammen und bilden in dieser Weise das lebensgeschichtliche Abenteuer der Individuation ab.[59] Erst wenn der Betreffende seine ganze Persönlichkeit eingebracht hat, wenn er sich auf das Ganze seines Lebens und seines Schicksals eingelassen hat, wird ihm im Zentrum Erkenntnis seiner selbst möglich. Das Labyrinth ist also auch Sinnbild dieser Einswerdung, der Individuation, der Konzentration aller wesentlichen Aspekte und Sinnbereiche der menschlichen Existenz.

Rudolf Steiner, der Begründer der Anthroposophie, hat sich ebenfalls mit dem Labyrinth beschäftigt. In seinem Mysteriendrama *Die Prüfung der Seele* heißt es:

Der höhern Wahrheit Wege sind verworren; –
Nur der vermag zurechtzufinden sich,
der in Geduld durch Labyrinthe wandeln kann.[60]

Der Labyrinthweg ist also ein symbolischer Weg zur höheren Erkenntnis.

Begegnung mit einem Labyrinth

An vielen Orten gibt es mittlerweile wieder Labyrinthe, berühmte wie das in der Kathedrale von Chartres, neu gestaltete wie z. B. in Zürich. Finden Sie heraus, wo es in Ihrer Nähe ein Labyrinth gibt, und lassen Sie sich ein auf die Erfahrung, langsam schreitend durch ein Labyrinth zu gehen.

Auch das Betrachten von Abbildungen von Labyrinthen in Bildbänden und Kunstbüchern, kann helfen, der Bedeutung dieser Urform nachzuspüren und den Sinn der Umwege in der labyrinthischen Situation des eigenen Lebens zu entdecken, z. B. in *Labyrinthe. Ein Praxisbuch zum Malen, Bauen, Tanzen, Spielen, Meditieren und Feiern* von Gernot Candolini[61].

9. Verbinden und zusammenhalten

Faden, Band und Seil

Faden, Band und Seil haben im Alltag eine große praktische Bedeutung. Aber auch im Bereich der Symbolpsychologie und der Mythologie sind Fäden, Bänder und Seile bedeutende Sinnbilder und Metaphern. Darauf verweisen schon Redewendungen der Alltagssprache: Wenn wir in einem Vortrag oder Text den Zusammenhang vermissen, sagen wir: »Es fehlt der rote Faden«, und wenn ein Redner nicht mehr weiterweiß, so ist ihm »der Faden gerissen«. Bei Ereignissen, deren Ausgang ungewiss ist, heißt es: »Sie hängen am seidenen Faden.« Von einem Menschen, der großen Einfluss auf ein Geschehen nehmen kann, heißt es: »Er hat alle Fäden in der Hand.« Mit einem Menschen auf zarte Weise in Beziehung zu treten, nennen wir »anbandeln«.

Fühlen Menschen sich sehr eingeengt, so sagen sie: »Das schnürt mich ganz ein.« Und wenn jemand die Worte eines anderen Menschen auf eine schädigende und böswillige Weise auslegt, lautet der Vorwurf: »Er will ihm einen Strick daraus drehen.« In großer Not und Verzweiflung sagt man: »Ich kann mir nur noch einen Strick nehmen«, um dem Leben durch Erhängen ein Ende zu setzen. All dies sind symbolische Redeweisen.

In der Mythologie der alten Griechen symbolisiert der Faden das Leben des Menschen. Drei mächtige Göttinnen, die drei Moiren, spannen den Lebensfaden eines jeden Menschen und teilten ihm sein Schicksal zu: Klotho spann den Lebensfaden, Lachesis erhielt den Faden und schützte ihn, und Atropos, die Unabwendbare, trennte ihn wieder auf und bestimmte so den Zeitpunkt des Todes. Bei den Römern sind die Schicksalsgöttinnen die Parzen, bei den Germanen die Nornen. Das Spinnen und Weben der Schicksalsfäden der Menschen gehörte zum Tätigkeitsbereich der frühen Göttinnen, und so hieß es, die Frauen erlernten die Kunst des Spinnens und Webens von den großen Göttinnen und Urmüttern der Frühzeit.

In den griechischen Sagen wird von einem berühmten Faden erzählt, mit dessen Hilfe eine Frau das Leben eines Mannes retten half: der Faden der Ariadne. Ariadne, die Tochter des Königs Minos von Kreta, verliebte sich in den Athener Theseus, der zusammen mit anderen als Tributpfand von Athen nach Kreta geschickt worden war, wo sie einem Ungeheuer, dem Minotaurus, geopfert werden sollten. Bislang hatte noch keiner aus den verschlungenen Gängen des unterirdischen Labyrinths, wo der Minotaurus hauste, einem Irrgarten, herausgefunden. Mit Hilfe des Fadens, den ihm Ariadne gab, gelang es Theseus, den Ausgang wiederzufinden, nachdem er den Minotaurus besiegt hatte.

Nicht nur in Mythen, sondern auch in Märchen wird von besonderen Fäden, Bändern und Seilen erzählt. Einige Beispiele:

Im Märchen *Rumpelstilzchen* soll die Tochter eines Müllers, der mit den außergewöhnlichen Fähigkeiten seiner Tochter gegenüber dem König geprahlt hat, aus Stroh Goldfäden spinnen, aus Unbedeutendem also etwas Großartiges hervorbringen. Sie schafft es auch, mit Hilfe eines geheimnisvollen Männleins den Ehrgeiz des Vaters zu befriedigen und die Spinnproben des goldgierigen Königs zu bestehen. So wird aus der armen Müllerstochter eine Königin – ein Märchen über eine unbewusste Vater-Tochter-Beziehung und eine extreme Leistungsproblematik.

Im Märchen *Rapunzel* geht es um eine fatale Mutter-Tochter-Verbindung. Die Tochter muss, von der Mutter eifersüchtig gehütet und von der Welt weggesperrt, in einem Turm im Wald ihr langes blondes Haar zu einem Strick flechten, an dem die Mutter dann zu ihr in den Turm steigt. Hier kommt nun ein junger Prinz ins Spiel, der auf dem gleichen Wege Zugang zum eingesperrten Mädchen findet.

Im Märchen *Schneewittchen* sind Bänder, Schnürriemen, Hilfsmittel für eine beabsichtigte Tötung. Schneewittchen lässt sich von den bunten Bändern der als Händlerin verkleideten

Stiefmutter verführen. Diese schnürt sie damit so ein, dass sie keine Luft mehr bekommt und leblos zu Boden fällt. Bunte Bänder sind hier also ein Mordinstrument.

Im Alltag dienen Faden, Band und Seil dazu, etwas zu verbinden und zusammenzuhalten, das betont auch ihre Symbolik. Schon den Babyloniern galt das Spinnen und Weben von Faden als Symbol für das Herstellen von kosmischer Ordnung und Verbindung in der Welt. Alle Dinge, die binden, festhalten und umschlingen – Fäden, Seile, Schnüre, Stricke, Taue, Schlingen und Netze –, verweisen symbolisch auf Verbindung und Beziehung. Bänder, vor allem bunte Bänder, sind aber auch einfach Schmuck. Geflochtene Bänder und Girlanden werden zu Festen in Räumen, Häusern und Straßen angebracht. Wenn sie an Hüten oder an Kleidern frei flattern, bedeuten sie Leichtigkeit und Lebensfreude und können zugleich etwas Lockendes und Verführerisches haben. In Form von aufgenähten Streifen, Tressen oder Ordensbändern sowie an Uniformen können sie auch symbolisch auf den besonderen Rang eines Menschen hindeuten.

Seile und Stricke verweisen auch auf das Themenspektrum Gefangensein, Befreiung, Freiheit. Ein Symbol aus der Schifffahrt ist das Lösen von Stricken und Tauen, das für Aufbruch und freie Fahrt steht. Fesseln und Fallstricke hingegen verweisen auf das Gegenteil: das Angebundensein und Festgehaltenwerden. So wird in der christlichen Symbolik der Gläubige vor den Fallstricken des Teufels gewarnt.

Faden, Band und Seil haben auch mit Halt und Schutz zu tun. Ein Seil als Halteseil kann sichere Hilfe bedeuten. Im Brauchtum vieler Völker gab es magische Praktiken mit Fadenamuletten und besonderen Knoten, die vor Schadenszauber und bösem Blick schützen sollten. In Mazedonien und Siebenbürgen etwa gab es die Sitte, einen roten Faden zum Schutz der Wöchnerinnen und zur Abwehr von bösen Geistern an die Haustür zu spannen.

Ein zum Knoten verknüpftes Band oder Seil hat ebenfalls vielfältige Bedeutungen. Bei den Kelten, Wikingern und auch im Hinduismus ist ein kunstvoll geflochtener Knoten ein Symbol für

Ordnung, Kontinuität, Dauer und Ewigkeit. Knoten bedeuten aber auch Verwicklungen und schwer zu durchschauende Probleme. Das Lösen von Knoten steht für Befreiung und die Auflösung schwieriger Situationen. Der berühmte Gordische Knoten wurde bekanntlich von Alexander dem Großen mit dem Schwerthieb durchteilt. Der Sage nach sollte derjenige, dem es gelang, den Knoten aus der Deichsel des Wagens im Tempel zu Gordion (eine antike Stadt in Phrygien) zu lösen, die Weltherrschaft erlangen.

Und nicht zuletzt ist das aus Seilen geknüpfte Netz ein vieldeutiges Symbol. Sich in Netzen zu verfangen, bedeutet den Verlust von Freiheit. Ein Sicherheitsnetz hingegen schützt eine Straße vor Steinschlag oder Artisten vor dem tödlichen Sturz in die Tiefe. Auch die Begriffe »Vernetzung« und »Netzwerkarbeit« verweisen auf das Schaffen von notwendigen und sinnvollen Verbindungen. Und schließlich: Die wachsenden kommunikativen Verbindungen, Vernetzungen und Verknüpfungen im virtuellen Raum kennt jeder heute als »Internet« mit seinen vielfältigen Möglichkeiten und Gefahren.

Faden und Seil

Nehmen Sie, angeregt durch die oben beschriebenen Beispiele, eine Rolle mit Band oder Schnur und spielen Sie kreativ damit. Knüpfen Sie einmal in Gedanken an eine schwierige Situation einen Knoten und versuchen Sie, ihn wieder zu lösen. Gestalten Sie für sich ein symbolisches Halteseil, an dem Sie sich festhalten können. Welches Material möchten Sie dazu verwenden, welche Farbe?

10. Der Weisheit des Herzens trauen

Das Herz

Das Herz als Symbol steht für die ganze Person. Es gilt als Ort der Seele, der Gefühle und des Bewusstseins, und es verweist auf Liebe, Mitleid, Hingabe, tiefe Gefühle, Lebensenergie und Weisheit.

Unsere Sprache ist reich an Bildern und Beschreibungen, was es mit dem Herzen eines Menschen auf sich hat:

- Ein Mensch kann ein gutes, weiches Herz haben, ein anderer hat ein hartes Herz, ein Herz aus Stein.
- Was von Herzen kommt, ist echt und ehrlich, was uns zu Herzen geht, betrifft uns ganz zentral.
- Es heißt von einem Menschen, er habe das Herz auf dem rechten Fleck, von einem anderen, er sei herzlos.
- Der eine wird als warmherzig empfunden, der andere als eiskalt.
- Jemand kann ein besonderes Anliegen auf dem Herzen haben. Wenn sich etwas klärt, kann einem dabei ein Stein vom Herzen fallen.
- Manchmal ist es notwendig, dem Herzen Luft machen zu können, damit aus dem Herzen keine Mördergrube wird. Manchmal braucht man für den Kummer jemanden, dem man sein Herz ausschütten kann.
- Es heißt: Wes das Herz voll ist, des geht der Mund über.
- Manche tragen ihr Herz auf der Zunge, anderen rutscht es vor Schreck in die Hose.
- Um etwas Schwieriges anzugehen, muss man sich ein Herz fassen oder dem Herzen gar einen Stoß geben. Dabei ist es wichtig, die Dinge nicht halbherzig anzufassen, sondern aus vollem Herzen Ja dazu zu sagen.

- Es gibt Menschen, die die Herzen anderer wie im Sturm erobern können, andere stehlen einem heimlich das Herz, sind Herzensdiebe.
- Man kann sein Herz an jemanden verschenken, man kann das Herz gar verlieren. Man kann auch jemanden in sein Herz schließen oder sein Herz an jemanden hängen.
- Bei Verletzungen kann das Herz bluten, schlimmer noch, es kann gebrochen werden.
- Manche Menschen nehmen sich alles schwer zu Herzen, aber wenn man sich wirklich von Herzen freut, dann lacht das Herz im Leibe.
- Wenn etwas uns wirklich guttut und stärkt, dann bezeichnen wir es als »herzerquickend«.

Das alles macht deutlich: Das Herz ist das Organ, von dem aus alle Gefühle ihren Ausgang nehmen.

Mein Herz
Legen Sie Ihre Hand auf Ihr Herz: Können Sie es wahrnehmen? Wie es ruhig schlägt, pocht, hämmert, klopft, zittert oder kaum wahrnehmbar ist? Wie geht es Ihrem Herzen?

Die Symbolik des Herzens

Das Herz als Metapher für die Mitte der Existenz des ganzen Menschen ist ein archetypisches und damit universelles Symbol. Jemandem sein Herz schenken heißt, sich ganz schenken, nicht nur einen Teil von sich. Das Herz ist somit das Wichtigste im Menschen. So glaubten die Mayas, nur mit lebendig geopferten Herzen könnten sie den Lauf der Sonne und damit die Welt mit erhalten.

Auch für die alten Ägypter war das Herz der Ort der Gedanken und Gefühle. In ihrer Mythologie gibt es einen Vorläufer der christlichen Vorstellung vom Jüngsten Gericht: Unter der Aufsicht des Gottes Thot wird das Herz des Verstorbenen in eine Waagschale gelegt und gewogen. Auf der anderen Waagschale liegt eine Feder aus dem Haar der Göttin Maat, der Göttin der Wahrheit. Nur wenn im Tode das Herz so leicht und unbeschwert von bösen Taten und Gedanken ist wie eine Feder, wird es nicht von der Totenfresserin Ammit verschlungen, der »Fresserin der Herzen«, die wartend dabeisitzt. So zeigt es die Tafel III des Papyrus Ani im Britischen Museum. Die Waage muss ein Gleichmaß haben, Herz und Wahrheit müssen im ägyptischen Totengericht übereinstimmen.

Vom Pharao, dem Sohn des Sonnenkönigs Re, der das Firmament erleuchtet und die Himmelsbahnen durchläuft, heißt es in den Inschriften immer wieder: »Geboren zur Weite des Herzens wie Re.« Die Weite des Herzens ist ein Abbild des Göttlichen im Menschen. Ähnlich sagen die Juden in den Psalmen von Jahwe, dass er das Herz des Menschen weit mache, so in Psalm 118: »Weit gemacht hast du mein Herz«, und sie wussten: »Der Mensch sieht auf das, was vor Augen ist, der Herr aber sieht auf das Herz« (1 Sam 16,7). Jahwe ist derjenige, der die Herzen der Menschen prüft und kennt und der ihnen gar ein neues Herz geben kann.

Das Herz galt immer auch als Ort des Göttlichen im Menschen. So lässt Rumi, der große persische Mystiker des 13. Jahrhunderts, Gott sagen:

»Ich bin weder in der Erde enthalten noch im Himmel, selbst nicht im höchsten der Himmel. Wisse dies sicher: Im Herzen des Menschen bin ich. Wenn du mich suchst, dort wirst du mich finden.«

Das Herz ist auch das entscheidende Erkenntnisorgan und hat seine eigene Logik. Berühmt ist der Ausspruch des französischen Philosophen Blaise Pascal in seinen *Pensées*:

Es gibt eine Vernunft des Herzens, die der Verstand nicht kennt. Man erfährt es bei tausend Dingen.[62]

Und weiter:

Wir erkennen die Wahrheit nicht allein mit der Vernunft, sondern auch mit dem Herzen.[63]

Die meisten Menschen in westlichen Kulturen haben jedoch verlernt, aus dem Herzen heraus zu denken. So berichtet C. G. Jung in seinen Lebenserinnerungen von einer Begegnung mit einem Pueblo-Häuptling, der sich verwirrt zeigt über die rationale Denkweise des weißen Mannes:

»Sieh«, sagte Ochwiä Biano, »wie grausam die Weißen aussehen. Ihre Lippen sind dünn, ihre Nasen spitz, ihre Gesichter sind von Falten gefurcht und verzerrt, ihre Augen haben einen starren Blick, sie suchen immer etwas. Was suchen sie? Die Weißen wollen immer etwas, sie sind immer unruhig und rastlos. Wir wissen nicht, was sie wollen. Wir verstehen sie nicht. Wir glauben, dass sie verrückt sind.«

Ich frage ihn, warum er denn meine, die Weißen seien alle verrückt.

Er entgegnete: »Sie sagen, daß sie mit dem Kopf denken.« »Aber natürlich. Wo denkst du denn?«, fragte ich erstaunt. »Wir denken hier«, sagte er und deutete auf sein Herz.

Zum ersten Mal, so schien es mir, hatte mir jemand ein Bild des wirklichen weißen Menschen gezeichnet.[64]

Auch der französische Schriftsteller Antoine de Saint-Exupéry verweist in seiner weltberühmten Erzählung *Der Kleine Prinz* auf etwas Ähnliches:

Man sieht nur mit dem Herzen gut. Das Wesentliche ist für die Augen unsichtbar.[65]

Wie sehr dieses Sehen mit dem Herzen und die spontane Gefühlsregung dem Menschen aberzogen wird und verloren gehen kann, erzählt auch die Gralssage, wie Wolfram von Eschenbach sie in seiner Parzivalerzählung wiedergibt. In der entscheidenden Szene geht es um eine unmittelbar heilende Regung des Herzens:

Der Gral, das Erreichen des höchsten geistigen Ziels, verlangt von Parzival, dass er der Regung des Mitleids folgt und den verwundeten König Amfortas, als er in den Saal getragen wird, fragt, was ihm denn fehle. Aber Parzival, dem einfältigen und spontanen Reagieren inzwischen durch höfisch-ritterliche Erziehung entfremdet, schweigt und ist höflich zurückhaltend, da man ihn gelehrt hat, dass ein Ritter keine Fragen stellt. Dafür jedoch, dass Parzival der Regung seines Herzens zuwiderhandelt, wird er aus dem Umfeld der Gralsburg verbannt. Er muss jahrelang einsam und verzweifelt umherirren und auf der Suche sein, bis er endlich wieder zugelassen wird und richtig, d.h. mit dem Herzen, sehen und reagieren kann.

Auch im Bereich der Mystik hat die Herzsymbolik eine zentrale Rolle, besonders in der Mystik der Ostkirche. Im sogenannten Herzensgebet, einer meditativen Praxis, geht es darum, den Namen Jesu oder ein anderes heiliges Wort beständig innerlich zu wiederholen. In der katholischen Kirche gab es über Jahrhunderte eine spezifische Herz-Jesu-Frömmigkeit und -Verehrung. Von der »Herzkraft himmlischer Geheimnisse« spricht Hildegard von Bingen in einem Hymnus. Und auch der Sufismus kennt die Praxis der stillen Herzensmeditation.

Die Beispiele, in denen das Herz in der Literatur und in Gedichten vorkommt, sind zahllos. Nur zwei Beispiele seien für unseren Kontext hier genannt: Goethe mahnt in *Torquato Tasso*:

Ach daß wir doch, dem reinen, stillen Wink / Des Herzens nachzugehn, so sehr verlernen ! / Ganz leise spricht ein Gott in unsrer Brust, / Ganz leise, ganz vernehmlich, zeigt uns an, / Was zu ergreifen ist und was zu fliehn.[66]

Die Logik des Herzens hat Erich Fried uns heutigen Menschen in seinem schönen Gedicht *Was es ist* nahegebracht:

Was es ist
Es ist Unsinn
sagt die Vernunft
Es ist was es ist
sagt die Liebe

Es ist Unglück
sagt die Berechnung
Es ist nichts als Schmerz
sagt die Angst
Es ist aussichtslos
sagt die Einsicht
Es ist was es ist
sagt die Liebe

Es ist lächerlich
sagt der Stolz
Es ist leichtsinnig
sagt die Vorsicht
Es ist unmöglich
sagt die Erfahrung
Es ist was es ist
sagt die Liebe[67]

So vorbereitet, lassen Sie sich nun in der folgenden meditativen Imagination einladen zu einer Reise in das eigene Herz.[68]

Reise in das eigene Herz

Bevor du die Reise in dein eigenes Herz unternimmst, sorge dafür, dass du für eine Weile ungestört bist. Entspanne dich auf eine Weise, die dir vertraut ist, z. B. indem du eine meditative Musik hörst, dich auf deinen Atem konzentrierst, einfach achtsam wahrnimmst, wie du sitzt, und dann gib dem Körper die Erlaubnis, sich zu entspannen.

Vielleicht magst du deine Hand auf dein Herz legen und

spüren, wie es schlägt, in deinem eigenen Rhythmus. Aber neben dem physischen Herzen gibt es das Herz des Herzens in dir, und es hat vier Kammern, so wie das physische Herz zwei Herzkammern und zwei Vorhöfe hat. Du stehst nun vor dem Eingangsbereich zu diesem Herzen. Nimm ihn mit den inneren Augen wahr: Ist es ein offenes Tor, das Zugang zu deinem Herzen gibt, oder ist es eine fest verschlossene Tür, die es anderen schwermacht, in dein Herz zu sehen oder gar hineinzukommen?

Stell dir nun vor: Dein Herz hat vier Herzkammern:

- einen Raum, wo du ganz bei dir zu Hause bist, dein verborgenes Selbst,
- einen Raum, wo all dein Kummer, deine verborgenen Nöte und Schmerzen sind, all der heimliche Herzenskummer,
- einen Raum der Liebe, wo all deine Liebeserfahrungen bewahrt sind, die vergangenen und die gegenwärtigen Lieben,
- und dann ist da noch der vierte, tiefste Herzensraum, dein innerer Tempel, der Raum deiner spirituellen Erfahrungen.

Gehe nun in den ersten Herzraum: Wie fühlst du dich, hier ganz nahe bei dir selbst? Wie gut kennst du dich, bist dir selbst wohlgesonnen, gehst freundlich, achtsam und wertschätzend mit dir selbst um? Oder fehlt etwas hier, in deiner Beziehung zu dir selbst? Solltest du die Fragen dieses Herzraumes mehr beachten? Besser für dich selbst sorgen? In welchen Lebensbereichen fehlt die liebevolle Achtsamkeit für dich selbst?

Nun trau dich in den *zweiten Herzraum* hinein, wo die Lasten deines Lebens sind, wo all dein Lebenskummer gespeichert ist, alles, was das Herz gekränkt, verletzt, geschmerzt hat und vielleicht noch immer schmerzt. Vielleicht kannst du aber auch entdecken, dass manches hier inzwischen altes Gerümpel ist, Dinge, die das Herz unnötig noch immer schwer machen und belasten. Vielleicht ist es an der Zeit, etwas loszulassen von dem alten, versteinerten Kummer und den alten Schmerzen, vielleicht braucht es dazu eine Aussöhnung und innere Vergebung. Vielleicht spürst du, dass hier etwas darauf wartet, das du dir selbst oder anderen zu verzeihen hast. Vielleicht braucht manches aber auch noch Zeit, bevor du es loslassen und dich davon frei machen kannst. Vielleicht spürst du aber schon vorab die Erleichterung, die es bedeutet, wenn es so weit sein wird, dass du alten Kummer loslassen kannst. Hab Geduld mit dir selbst. Lass den Wunsch in dir wachsen nach dem Ende der alten Schmerzen und nach Versöhnung, auch wenn du es (noch) nicht kannst.

Nun wende dich um und gehe weiter in die *dritte Herzkammer.* Hier findest du alle deine früheren und gegenwärtigen Lieben. Begrüße sie alle, unabhängig davon, wie kurzlebig oder langlebig sie waren und sind. Freue dich an all diesen Erfahrungsschätzen und spüre, wie es in dieser Herzkammer licht und hell und warm ist. Die Erinnerung an deine Liebesfähigkeit kann deine Hoffnung und deinen Mut, dich mehr auf die Liebe einzulassen, stärken.

Nun wartet auf dich noch die *vierte,* geheimnisvollste, innerste Herzkammer, dein innerer Tempel, der Raum deiner spirituellen und religiösen Erfahrungen und Sehnsüchte. Sieh dich einfach darin um, suche nach der Quelle von Licht, Liebe, Frieden. Vielleicht ahnst oder spürst du hier eine besondere numinose Gegenwart, die vielleicht für dich auch einen eigenen Namen hat. Vielleicht spürst du aber auch nur ein geheimnisvolles inneres Sehnen, und du weißt nicht genau, wonach. Spüre einfach nur, lass alle Gefühle und Bilder zu, die dir vielleicht jetzt in diesem Raum kommen. Erwarte nichts. Sei einfach nur gegenwärtig.

Nun ist es langsam an der Zeit, von dieser Reise in dein eigenes Herz zurückzukommen, in die Gegenwart, ins Hier und Jetzt. Atme tief durch, entspanne dich, spüre deinen Erkenntnissen und inneren Bildern nach und achte besonders auf die Einsichten, die für dein gegenwärtiges Leben wichtig sind.

11. Bewährten Wegweisern folgen

Märchen und Geschichten als Lebenshilfe

Auch Märchen und Geschichten können als komplexe Symbole verstanden werden. Viele von ihnen sind durch eine lange mündliche Erzähltradition geformt. Weisheitsgeschichten und Märchen enthalten oft Hinweise für schwierige Lebenssituationen und existentielle Herausforderungen. Sie erzählen, wie der Märchenheld oder die Märchenheldin Lösungen finden, nicht aufgeben und am Ende die Krise mit sehr unterschiedlichen Resilienzkräften erfolgreich bestehen. Probieren Sie es in diesem Kapitel einmal aus und greifen Sie dabei auch zu Ihren alten Märchenbüchern, besonders aber zur Sammlung der Brüder Grimm.

Tiefenpsychologische Zugänge zu Märchen[69]

Märchen sind in ihrer vielschichtigen Symbolik der Welt unserer Träume sehr ähnlich. Man könnte sagen, es sind die Kollektivträume der Menschheit. Sie werden in der Analytischen Psychologie als symbolische Darstellung allgemeiner Lebensprobleme verstanden, in denen ein Erfahrungsschatz an Lebensweisheit tradiert wurde. Die meisten Märchen bieten für diese Probleme Lösungsmöglichkeiten an.

Im tiefenpsychologischen Verständnis zeigen die Märchen psychische Entwicklungsprozesse auf. Die Märchenheldinnen und -helden können als Modelle betrachtet werden, deren Verhalten in der jeweiligen Konfliktsituation zu einer Lösung führt. Die Vieldimensionalität der Märchensymbole lässt unterschiedliches Erleben, unterschiedliche Identifikationsmöglichkeiten und Verstehensweisen zu.

Märchen sind Spiegelungen des Seelenlebens und in verschlüsselter Form Hilfe für den menschlichen Reifungs- und Individuationsweg, für Sinnfindung und Sinnsuche. Sie sind Spiegel des Unbewussten, zugleich Quelle von Weisheit. Für manche Menschen sind sie Seelennahrung. In schwierigen Lebenssituationen können sie als tröstend und ermutigend erfahren werden. Sie vermitteln Leitbilder, ohne diese aufzunötigen, sie sprechen zugleich die kreativen und schöpferischen Möglichkeiten zur Verarbeitung an, indem sie eigene innere Bilder und Erlebnisgestalten anregen. Nichts ist märchenhaft leicht im Märchen, nichts ist einfach heil und gut oder paradiesisch. Die Welt ist nicht heil, aber heilbar. Menschen können Schlimmes und Böses erfahren, das Böse überwinden und am Ende ihr Lebensglück finden – das ist die Botschaft der Märchen.

In der Beschäftigung mit Märchen geht es zunächst einmal darum, sich von ihren Bildern und Symbolen gefühlsmäßig wirklich anrühren, ansprechen und betreffen zu lassen, ihre emotionale Bedeutung und Wirkung an sich selbst bewusst zu erfahren und ihre Botschaft im Hinblick auf die eigene, gegenwärtige Lebenssituation zu entdecken. Sie können dann, wenn Menschen ihre Lebenssituation als kompliziert und fast unlösbar erleben, einen Schlüssel zum Verständnis des eigenen Lebens liefern.[70]

Märchen bieten Identifikationsmöglichkeiten; sie vermindern das Gefühl des Alleinseins mit schwierigen Lebensproblemen. Aschenputtel fühlt sich nach dem Tod der Mutter mutterseelenallein und verstoßen – das Märchen spricht Menschen an, die sich auch so fühlen. Rapunzel war eingesperrt in einem Turm und wurde von einer besitzergreifenden Mutterliebe gefangen gehalten – hier besteht eine Identifikationsmöglichkeit für Töchter, die Schwierigkeiten mit festhaltenden Müttern hatten.

Es geht in Märchen immer wieder um Wandlung und Veränderung; Dinge und Verhältnisse können nicht so bleiben, wie sie waren, es geht um Hoffnung und Ermutigung zur Veränderung. Märchen vermitteln eine positive Einstellung, regen an, Probleme und Konflikte anzupacken, aktiv zu werden, auch wenn es Gefahren, Risiken und Hindernisse gibt. Da sie im Grenzbereich zwischen realer und phantastischer Welt spielen, geben sie der Phantasie und der Kreativität einen besonderen Freiraum, um schöpferisch und mit Hilfe der Phantasie an Lösungsversuche herangehen zu können.

Für den Umgang mit Märchen ist es gut, sich ganzheitlich, mit Gefühl und Verstand, auf sie einzulassen, so dass Bewusstes und Unbewusstes in Resonanz gehen können, eigene innere Bilder zum Klingen kommen. Am Ende ist vor allem die Frage spannend: Wo kann ich Parallelen und Bezüge zu meiner eigenen Lebenssituation entdecken? So beschreibt z. B. das Aschenputtelmärchen, eines der bekanntesten Märchen aus der Sammlung der Gebrüder Grimm, wie es gelingen kann, aus einer Situation der Verstoßung und Missachtung herauszukommen. Aschenputtel muss sich trauen, ganz allein den Weg zum Fest des Lebens zu gehen, muss sich dort zeigen, in Kontakt mit dem Prinzen kommen, und diese Bewährungsprobe muss drei Mal bestanden werden, bevor der Prinz sich seinerseits aktiv auf die Suche nach der echten Braut macht.

Viele Frauen erkennen sich und ihre Minderwertigkeitsgefühle (den sogenannten Cinderella-Komplex) in dieser Geschichte wieder, das Gefühl, mutterseelenallein auf der Welt zu sein, und sie kennen auch den Impuls, aus der Situation der verachteten Dienstmagd den Ausbruch zu wagen, auch wenn es ihnen wie Aschenputtel noch so schwer gemacht wird.

Vielleicht fühlen Sie sich durch diese Verstehenshinweise angeregt, sich einmal auf die folgenden Fragen einzulassen:

Meine Beziehung zu Märchen

- Was waren die Lieblingsmärchen Ihrer Kindheit?
- Um was ging es in diesen Märchen, welche Probleme mussten von den Märchenhelden gelöst werden?
- Welches Märchen könnte zu Ihrer gegenwärtigen Lebenssituation etwas Passendes sagen?
- Welche Märchen finden Sie besonders spannend?

Viele Märchen beschreiben, wie aus schwierigen Situationen heraus ein Weg gesucht und gefunden wird. Das Märchen ermutigt dazu, sich den jeweiligen Schwierigkeiten zu stellen.

Der Märchenheld oder die Märchenheldin muss sich jeweils auf das einlassen, was die Situation erfordert. Dies wird am Beispiel des schon kurz erwähnten Aschenputtelmärchens deutlich: Aschenputtel muss ganz allein und mehrmals den Aufbruch zum Fest des Lebens wagen und bereit sein, sich zu verwandeln und zu verändern.

Auf dem Weg gilt es, schwierige Zwischenphasen auszuhalten, in denen das Alte nicht mehr gilt und das Neue noch nicht in Erscheinung treten kann. Es sind oft mühsame Wege der Suche, die einem endlos vorkommen, wo die Märchenheldin »bis ans Ende der Welt« gehen muss. Die Hoffnung stärkende Botschaft der Märchen ist: »Es ist keine Lebenssituation so schlecht, dass sie nicht doch Kräfte wecken würde, die für die Weiterentwicklung gebraucht werden können.«[71]

Beziehungs- und Entwicklungskrisen gespiegelt im Märchen: *Froschkönig, Rumpelstilzchen* und *Die Bremer Stadtmusikanten*

Das Unbewusste, die tiefen seelischen Schichten, aus denen Bilder und Träume aufsteigen, sind das Reich der Phantasie. Diese Phantasie kann uns in Krisen und Konfliktsituationen zu Hilfe kommen, wenn eine äußere oder innere Situation mit den bislang praktizierten und gelebten Lebensmustern, Verhaltensweisen und Mitteln nicht mehr verstehbar und lösbar erscheint. Das Verstehen der eigenen Situation wird manchmal auch im Spiegel eines Märchens möglich. Einige kurze Beispiele:

Im Märchen vom Froschkönig z. B. geht es um eine junge Frau, die von Angst- und Ekelgefühlen geplagt wird und deren aggressive Kräfte verlangt werden, um die Krisensituation zu bewältigen. Sie muss ihren ganzen Widerstand mobilisieren und den zudringlichen, garstigen Frosch an die Wand klatschen. Erst dann geschieht Verwandlung, wird das Männliche erlöst, erst dann wird er zum Partner. Dieses Märchen verdeutlicht die Notwendigkeit der aggressiven Kräfte für Veränderung und Verwandlung. Es ist ein Lösungsmuster, das für manche Beziehungs- und Partnerschaftskonflikte Mut macht: Mut zur Wut, zum Zorn, Mut dazu, Aggression zu zeigen, das Muster des kindlich-abhängigen Gehorsams zu verlassen.

Ein ganz anderes Problem spiegelt das Märchen vom Rumpelstilzchen. Es geht um eine junge Frau – die Müllerstochter –, die Königin wird. Ihr Vater hat mit ihr angegeben: »Meine Tochter ist so außergewöhnlich, die kann Stroh zu Gold spinnen.« Der König holt sie, setzt sie in eine Kammer und will, dass sie Stroh zu Gold spinnt. Sie schafft es auch mit Hilfe des kleinen Männchens. Man kann sagen: Ein tief verinnerlichter, väterlicher Leistungskomplex hilft ihr dabei, aus dem Nichts etwas Großartiges zu schaffen, Königin zu werden – ein Leistungskomplex, der bei vielen heutigen Karrierefrauen, oft typische Vatertöchter, auch wiederzufinden ist.

Zunächst geht scheinbar alles glatt. Sie wird Königin und bekommt ein Kind. Doch dann kommt das Männchen und will das Kind haben. Jetzt bedroht also dieser Leistungskomplex ihr Weiterleben, ihre weiteren Entwicklungskräfte – dafür steht in Märchen oft das Kind. Ihre Aufgabe ist herauszufinden, wie das Männchen heißt. Sie muss Hilfskräfte mobilisieren, die überall suchen und forschen, zunächst systematisch und rational. Die Lösung wird im Märchen aber zufällig, im tiefen Wald, gefunden, d. h. im Unbewussten gibt es den rettenden, zufälligen Einfall: Das Männchen wird beobachtet, als es um das Feuer springt und singt: »Ach, wie gut, dass niemand weiß, dass ich Rumpelstilzchen heiß'!«

Die rettende Lösung aus der lebensbedrohlichen Krise wird dadurch gefunden, dass das Problem, ein lebensbedrohlicher Leistungskomplex, erkannt und benannt wird. Erst dann verliert er seine fordernde Kraft. Es kommt darauf an, mit dem »dritten Ohr« auf das zu horchen, was im Unbewussten verborgen ist, hinzuhören, welchen Namen das Problem eigentlich hat. Es muss erkannt, benannt werden. Erst dann gibt es sich am Ende des Märchens in seiner ganzen Destruktivität zu erkennen und zeigt seine selbstzerstörerischen Kräfte. So kann man dieses Märchen deuten.

Viele Märchen stellen auf unterschiedliche Art und Weise Entwicklungs- und Reifungsaufgaben dar. Symbolisch geht es immer wieder um den Weg aus schweren Krisen und Notsituationen, es geht um Entwicklung, Lernen und Veränderung, um die Kenntnis der Ordnung des Lebens. Es geht darum, sich selbst in Bewährungssituationen zu erfahren und kennenzulernen. Es geht um die Begegnung mit dem anderen Geschlecht, also, in heutiger Sprache, um die Entwicklung von Beziehungsfähigkeit zum Männlichen und Weiblichen.

Der Entwicklungsweg eines Märchenhelden oder einer Märchenheldin symbolisiert in manchen Geschichten die Ablösung von den Eltern; es geht außerdem um das Überleben von Bedrohungen und Schicksalswenden, um den Aufstieg aus einer sozial niedrigen, unter Umständen verachteten Position in eine andere gesellschaftliche Stellung und um das Erlangen von Autonomie (König/Königin im eigenen Reich zu sein). Es geht um Loslassen, Verändern, Verwandeln, um die Balance zwischen Weiblichem und Männlichem, um Liebe, Sich-Suchen, Einander-Verlieren und darum, am Ende wieder zueinanderzufinden. All das sind Themen, die uns die Märchen präsentieren.

Das Märchen von den Bremer Stadtmusikanten handelt von vier Tieren, die ihr Leben lang zum Wohl der Menschen im Einsatz waren und nun – Undank ist der Welt Lohn – um ihren Lebensabend, ihr Gnadenbrot, gebracht und getötet werden sollen. Sie haben alle auf ihre Weise ihr Leben lang ihren Besitzern treu gedient, doch die undankbaren Menschen haben für alle vier alt und schwach gewordenen Tiere ein ähnliches Schicksal vorgesehen: Der Esel merkt es als Erster, dass sein Herr ihn beseitigen will; der Hund bekommt mit, dass sein Herr ihn totschlagen will; die Katze, die zu alt zum Mäusefangen ist, soll ersäuft werden, und der Haushahn soll im Suppentopf landen. Alle vier Tiere sind also in einer lebensbedrohlichen Situation, doch sie schließen sich zusammen und machen sich auf die Suche nach etwas Neuem, denn: »Etwas Besseres als den Tod findest du überall«, heißt es im Märchen.

Der Esel hat eine phantastische Idee: Er will Stadtmusikant werden. Straßenmusikanten – wir treffen sie heute überall in den Einkaufspassagen und Fußgängerzonen, um ihren Lebensunterhalt bettelnd.

In der Großstadt Bremen, dem Tor zu Welt, mit ihrem großen Hafen hoffen alle auf eine Chance. Bremen und Hamburg, die großen Hafenstädte, waren in früherer Zeit das Ziel von armen und in Not geratenen Menschen, die in die Neue Welt auswandern wollten, da sie hofften, dort bessere Lebenschancen zu finden.

Wenn man sich allerdings das Eselsgeschrei, Hundegebell, Katzengejaule und Hahnengeschrei unserer Märchenhelden vorstellt, so kommt einem ihre Idee, Musikanten werden zu wollen, höchst phantastisch vor, aber im Märchen ist ja alles möglich. Doch so weit kommt es gar nicht, denn mit ihrem vereinten Gebrüll gelingt ihnen etwas anderes: Im dunklen Wald – in vielen Märchen der Ort der entscheidenden Handlungen – entdecken die vier Tiere ein Räuberhaus, wo Räubergesellen es sich gut gehen lassen. In diesem Tiermärchen kann man die Räuber als die ausbeuterischen, treulosen Menschen verstehen, die es schlecht mit ihren Haustieren meinen.

Gestärkt in der Solidarität der Schwachen planen die vier Tiere nun eine konzertierte Aktion. Alle Hilflosigkeit und Angst vor den Menschen ist verschwunden, gemeinsam sind sie so stark, dass sie mit ihrem Geschrei die Räuber vertreiben, sich an den gedeckten Tisch setzen und es sich schmecken lassen. Sie »aßen, als wenn sie vier Wochen hungern sollten«.

Das Märchen findet nun ein schwankhaftes Ende: Die Räuber wollen zurückkommen und schicken einen der ihren los, um das Haus zu untersuchen. Die Tiere können sich jedoch so erfolgreich zur Wehr setzen, dass die Räuber dauerhaft in die Flucht geschlagen sind und die vier Hausbesetzer es sich gut gehen lassen können.

Die Geschichte von den Bremer Stadtmusikanten mag kein sehr tiefgründiges Märchen sein, aber es erfreut, weil alle Sympathien den Tieren gelten, die nicht in Jammer und Resignation verfallen, sondern miteinander einen Aufbruch wagen, denn – so die mutmachende Botschaft – »etwas Besseres als den Tod findest du überall«. Wie viele andere Märchen erzählt auch diese Geschichte davon, wie auf überraschende Weise ein Ausweg aus einer schwierigen Situation gefunden wird. Sie ermutigen dazu, eigene, bislang unbekannte Wege auszuprobieren und sich auch auf eine abenteuerliche Suche einzulassen. Sie stärken so das Prinzip Hoffnung und manchmal – wie in diesem Märchen – auch den Humor.

Das Märchen *Der goldene Schlüssel*

Das Märchen *Der goldene Schlüssel* stellt eine besondere Anforderung an die Wunschkraft der Phantasie.

Der goldene Schlüssel

Zur Winterszeit, als einmal ein tiefer Schnee lag, musste ein armer Junge hinausgehen und Holz auf einem Schlitten holen. Wie er es nun zusammengesucht und aufgeladen hatte, wollte er, weil er so erfroren war, noch nicht nach Haus gehen, sondern erst Feuer anmachen und sich ein bisschen wärmen. Da scharrte er den Schnee weg, und wie er so den Erdboden aufräumte, fand er einen kleinen goldenen Schlüssel. Nun glaubte er, wo der Schlüssel wäre, müsste auch das Schloss dazu sein, grub in der Erde und fand ein eisernes Kästchen. »Wenn der Schlüssel nur passt!«, dachte er, »es sind gewiss kostbare Sachen in dem Kästchen.« Er suchte, aber es war kein Schlüsselloch da; endlich entdeckte er eins, aber so klein, dass man es kaum sehen konnte. Er probierte, und der Schlüssel passte glücklich. Da drehte er einmal herum, und nun müssen wir warten, bis er vollends aufgeschlossen und den Deckel aufgemacht hat, dann werden wir erfahren, was für wunderbare Sachen in dem Kästchen lagen.[72]

Mein Zauberkästchen

Stellen Sie sich einmal vor, eine gute Fee, die Ihre geheimen Wünsche und Sehnsüchte und auch Ihre gegenwärtige Lebenslage kennt, hätte für Sie, ganz speziell für Sie, dieses Zauberkästchen gepackt. Sie hätte alles hineingelegt, was Sie gegenwärtig besonders brauchen. Sie finden auch den Schlüssel dazu. Was entdecken Sie in dem Kästchen? Wofür sollten Sie es gebrauchen? Was können Sie mit diesen Feengaben anfangen? Was erfreut Sie an den Gaben? Was befremdet oder irritiert Sie – löst Fragen aus oder bleibt noch geheimnisvoll?

Lassen Sie sich einmal ganz auf den Inhalt Ihres Zauberkästchens ein! Vertrauen Sie der Botschaft Ihrer schöpferischen Phantasie.

Geschichten als Quellen der Weisheit

In allen spirituellen Traditionen gibt es Geschichten, Gleichnisse und Parabeln, die in erzählender Form existentielle Wahrheiten, Weisheiten und Hinweise zur rechten Lebenskunst vermitteln. Zunächst scheinen sie oft nur unterhaltsam zu sein, lässt man sich aber wirklich auf sie ein, geben sie oft hilfreiche Anregungen für das eigene Leben und können auch tiefer gehende Einsichten vermitteln.

Vielleicht können Sie in den folgenden Geschichten[73] etwas Weises für sich entdecken?

Erkenne, wer du bist

Ein Bauer fand unterwegs ein Adlerjunges, das aus dem Nest gefallen war. Er nahm es mit nach Hause und tat es in den Hühnerstall zu den Hühnern. Dort wuchs es auf, unter lauter Hühner- und Entenvolk. Es lernte picken, fraß Hühnerfutter und kannte nur Hühner und Enten.

Eines Tages kam ein Jäger vorbei, sah den groß gewordenen Adler und fragte den Bauern, warum er einen Adler im Hühnerstall hielte. Der Bauer sagte: »Ich habe ihn gefunden als kleinen, aus dem Nest gefallenen Adler. Aber nun ist er so wie die Hühner, er ist kein Adler mehr.«

Der Jäger bat: »Gib ihn mir, ich will sehen, ob er noch fliegen kann.« Der Bauer gab ihm das Tier.

Der Jäger nahm den ängstlichen Adler mit auf eine freie Wiese und sagte zu ihm: »Du bist doch ein Vogel der Lüfte, nun flieg!«

Aber das verwirrte Tier blieb regungslos am Boden hocken.

Am nächsten Tag nahm der Jäger das Tier auf den Arm, breitete ihm die Flügel aus und sagte: »Du bist kein Huhn, sondern ein Adler. Nun halt die Flügel ausgespannt und flieg los.«

Aber der Adler, erschreckt und hilflos, ließ sich einfach auf den sicheren Boden fallen.

Am folgenden Tag nahm der Jäger den Adler mit ins Gebirge. Er stieg mit ihm auf einen hohen Berg. Ringsum war die freie Berglandschaft, ganz tief unten, winzig klein, der Bauernhof mit dem Hühnerstall.

Der Jäger hielt den Vogel auf seiner Hand, ließ ihn umherschauen in die Weite, in den offenen Himmel, und wartete.

Da durchzuckte ein Beben den Vogelkörper, es war, als käme die Erinnerung zurück. Zögernd wagte der Adler, seine Flügel auszubreiten, ließ sich in die Lüfte fallen und flog mit einem Schrei davon.

Der Regenmacher

In einer taoistischen Geschichte wird von der Kunst eines Regenmachers erzählt:

In einem chinesischen Dorf hatte es lange Zeit nicht geregnet. Alle Versuche, die Götter des Himmels zu beschwören, Regen zu schicken, waren erfolglos, ebenso die Opfergaben in den Tempeln. Die Ernte drohte zu verdorren, die Menschen würden Hunger erleiden.

In dieser Not erinnerte sich einer der Alten an einen Regenmacher in einem weit entfernten Dorf. Man beschloss, Boten zu ihm zu schicken und ihn um Hilfe zu bitten. Er kam, sah sich im Dorf um und erbat eine Hütte am Dorfrand für sich allein sowie etwas Brot und Wasser.

Drei Tage lang geschah nichts. Die Dorfleute wähnten bereits, auf einen Betrüger hereingefallen zu sein. Am vierten Tag kam der Regen.

Das Dorf war außer sich vor Freude. Aber wie hatte der Regenmacher das gemacht? Er erklärte es ihnen:

»Als ich hierherkam, sah ich überall große Unordnung. So zog ich mich in die Hütte zurück. Ich war darum bemüht, mich selbst in die Ordnung des Tao zu bringen. Als ich mich nach drei Tagen in Ordnung gebracht hatte, konnte die Natur in Ordnung kommen. Und dann kam der Regen.«

Auch das wird vorübergehen

Eine kleine Sufi-Geschichte erzählt:

Ein König, der alle Schätze und Reichtümer dieser Welt besaß, alle Feinde besiegt hatte und von den Menschen ob seines Glanzes beneidet wurde, hatte eines Nachts einen seltsamen Traum, in dem er etwas suchte. Tagelang war er verwirrt. Dann bestellte er alle Weisen und Ratgeber seines Hofes zu sich und erklärte:

»Schafft mir etwas herbei, das mich wieder ins Gleichgewicht bringt. Etwas, das mich in Unglück und Unzufriedenheit tröstet und mich in Momenten des Glücks traurig machen kann.«

Die Weisen baten um Zeit. Sie berieten miteinander, wie sie ihren König mit seinem seltsamen Wunsch zufriedenstellen könnten. Als sie die Lösung hatten, ließen sie einen Ring mit einer Inschrift für ihn machen, gingen zu ihm hin und übergaben ihm den Ring. Er trug die eingravierte Botschaft: »Auch das wird vorübergehen.«

Sogenanntes Gottvertrauen

Ein frommer Mann lebte in einem christlichen Land. Er hielt alle Gebote seiner Religion und glaubte fest an seinen Gott.

Eines Tages gab es ein Unwetter mit heftigen Regenfällen. Das Tal, in dem der Mann lebte, wurde überschwemmt, und das Wasser stieg und stieg. Es hatte schon den ersten Stock der Häuser erreicht, und man beschloss, das Dorf zu evakuieren.

Der Mann stieg auf das Dach seines Hauses. Ein Rettungsboot kam und bot ihm an, ihn in Sicherheit zu bringen. Der fromme Mann lehnte ab mit der Erklärung: »Ich habe Gottvertrauen. Ich bete, und Er wird mich retten.«

Das Wasser stieg und stieg, der fromme Mann saß auf dem First seines Hauses, die Beine bereits im Wasser. Ein weiteres Rettungsboot ruderte heran, um ihn aufzunehmen. Wieder weigerte er sich mit den Worten: »Ich vertraue auf Gott, Er wird mein Gebet erhören und mich retten.«

Das Wasser stieg weiter und weiter, denn die Regenfälle hörten nicht auf. Ein Hubschrauber überflog das Überschwemmungsgebiet, sah den Alten, bis zum Hals im Wasser, flog näher und ließ eine Strickleiter herab. Doch er weigerte sich, die Strickleiter zu ergreifen, und sagte: »Ich habe unerschütterliches Gottvertrauen. Er ist mein Retter.«

Schließlich ertrank er. Seine Seele flog in den Himmel, vor den Thron des Allmächtigen, aber sie war ratlos und verwirrt und fragte: »Ich habe so sehr gebetet und an Dich geglaubt und auf Dich gehofft. Ich verstehe nicht, was geschehen ist!« Da schüttelte Gottvater den Kopf und sagte: »Ich versteh's auch nicht! Ich habe dir zwei Rettungsboote gesandt und einen Hubschrauber!«

Was ist das Leben?

In einem schwedischen Märchen wird erzählt, dass die Tiere des Waldes sich über die Frage unterhielten: »Was ist das Leben?« Das Gespräch ging ungefähr so:

Der Schmetterling sagte: »Das Leben ist pure Freude und das Fliegen von Blüte zu Blüte im Sonnenschein.«

Die Ameise meinte stöhnend: »Das Leben ist nichts als harte Arbeit.«

Die Biene hingegen sagte: »Das Leben wechselt ab: Mal ist es Arbeit, mal ist es Vergnügen.«

Der Maulwurf streckte seinen Kopf aus einem Erdhügel. Sein Kommentar war: »Das Leben ist ein stetiger Kampf in der Finsternis.«

Der Adler zog seine Kreise und rief von oben: »Nein, das Leben ist Freiheit!«

Nun mischten sich die Pflanzen in das Gespräch ein. Das Heidekraut sagte: »Das Leben, ach, das Leben ist ein mühseliges Ringen um ein kleines Fleckchen Erde.«

Die großen Nadelbäume aber, die Fichten, meinten: »Nein, das Leben ist ein stetiges Streben nach oben.«

Die Waldrose entfaltete eine neue Blüte, sehr vorsichtig, und säuselte: »Aber das Leben ist eine Entwicklung!«

Und da noch lange nicht alle Tiere und Pflanzen ihre Meinung kundgetan haben, musst du nun selbst lauschen, was sie Weiteres zu sagen haben.

Teil 4

Mit sich selbst in Einklang kommen

Mit den in diesem Teil 4 angebotenen Übungen möchte ich Sie ermutigen, Ihre Intuition und innere Bilderwelt zu Hilfe zu nehmen und sich so Ihren gegenwärtigen Problemen zu nähern. Trauen Sie Ihrer Intuition, seien Sie offen für das, was sie Ihnen sagen und zeigen will. Damit geben Sie Ihrem Gehirn eine Chance, »querzudenken« und neurophysiologisch neue Verbindungen zu knüpfen.

Die Übungen im ersten Kapitel dienen der angeleiteten Selbsterkundung, der besseren Orientierung im Innen und Außen. Sie können dabei helfen, auf sich selbst mit anderen Augen zu schauen, sich im Raum des Möglichen, Vorstellbaren, Zukünftigen und Wünschenswerten zu bewegen. Einige Übungen haben besonders entlastende, unterstützende und stabilisierende Funktionen, andere dienen stärker der Selbstkonfrontation. Eine vorbereitende Phase der Entspannung ist immer hilfreich und wichtig, um sich bereit zu machen für die Botschaften der inneren Bilder.

Gerade in den besonders schwierigen Lebenssituationen klagen Menschen darüber, dass sie ruhelos, gereizt und nervös sind und einfach keine Ruhe finden können. Sie kreisen um das, was ihnen Kummer und Sorgen macht, flüchten in Geschäftigkeit und Ablenkungen, haben sogar Angst davor, zur Ruhe und zur Besinnung zu kommen. Die innere Leere wird mit hektischer Betriebsamkeit kompensiert, und da sie nicht mehr abschalten können, geraten sie so in ein noch größeres Ungleichgewicht.

Alle spirituellen Traditionen empfehlen, sich regelmäßig eine Zeit der Stille zu gönnen, um aus der Zerstreuung wieder in die Sammlung zu kommen. Dies gilt ganz besonders für Zeiten, die wir als sehr kritisch und belastend erleben. Dann ist ein solches Atemholen der Seele umso notwendiger. Die Übungen im zweiten Kapitel wollen Sie zu Meditation und Selbstbesinnung einladen, um Ihnen ein Atemholen der Seele zu ermöglichen und Ihre Resilienzkräfte zu wecken.

1. Selbsterkenntnis vertiefen

Selbsterkenntnis ist ein Abenteuer,
das in unerwartete Weiten und Tiefen führt.
C. G. JUNG

Einen sicheren inneren Ort finden

Bei der folgenden Übung geht es darum, nicht im Außen, sondern mit Hilfe der Phantasie im eigenen Inneren einen Ort zu schaffen, an den Sie sich bei Bedarf zurückziehen können, um sich dort sicher, geschützt und geborgen zu fühlen und sich auch ein wenig entspannen und erholen zu können.[74]

Mein sicherer Ort

Suchen Sie eine bequeme, entspannte Position, sitzend oder liegend, schließen Sie die Augen und erlauben Sie sich mit einem tiefen Ein- und Ausatmen, sich zu entspannen. Nun gehen Sie in Gedanken an einen schönen Ort in der Natur, an dem Sie sich sicher und wohl fühlen. Vielleicht ist es ein Ort in den Dünen am Meer, eine Stelle an einem Fluss, die Sie gut kennen, oder ein Ort unter einem Schatten spendenden Baum, unter den Sie sich setzen. Lehnen Sie sich mit dem Rücken an seinen Stamm. Wählen Sie einen Ort, der Ihnen hilft, inneren Stress und Beunruhigung loszulassen und in Stille und Frieden ganz bei sich selbst zu sein, in Ihrer Mitte anzukommen.

Nehmen Sie die Umgebung wahr: Vielleicht hören Sie das Fließen des Wassers oder wie der Wind leicht durch die Blätter des Baumes streicht, fühlen, wie die Sonnenstrahlen Sie wärmen. Beobachten Sie, wie die Wolken am Horizont vorbeiziehen. Vielleicht hören Sie Vogelgesang oder nehmen mit der

Nase einen Duft wahr. Fühlen Sie sich an diesem Ihrem Ort willkommen, geborgen und geschützt, lassen Sie innerlich los und seien Sie ganz da. Spüren Sie, wie dieser besondere Ort Ihnen wieder neue Kraft gibt.

Unterstützung durch innere Helferfiguren

Manche Menschen kennen innere Begleiter, die für sie hilfreich sind. Dies können Schutzengel oder liebe Verstorbene sein. Innere Helferfiguren können aber auch als Krafttiere oder Schutzgeister mit Hilfe der Phantasie entdeckt werden. Gerade in Krisenzeiten, wenn Menschen sich bedroht, ohnmächtig oder überfordert fühlen, kann die Imagination hilfreicher Wesen, die selbstlos unterstützend zur Seite stehen, außerordentlich entlastend und tröstend sein. Drei kurze Beispiele:

Ein vertrauter Mensch als innere Helferfigur
Für Frau P. ist die innere Helferin ihre verstorbene Großmutter, zu der sie als Kind ein inniges Verhältnis hatte und von der sie sich in besonderer Weise geliebt fühlte. Einige Jahre ihrer Kindheit hat sie auch mit der Großmutter zusammengelebt. In ihrer Vorstellung kann sie mit der Großmutter immer wieder reden, ihr die gegenwärtige Notlage schildern und, wenn sie nach innen horcht, auch eine innere Stimme hören, die ihr guten Rat gibt und Trost spendet.

Ein Tier als innere Helferfigur
Für Herrn K. ist es sein alter Schäferhund Grischa, dessen unbedingte Treue und Anhänglichkeit ihn immer wieder tief anrührte und beruhigte. Vor einiger Zeit ist der Hund an Altersschwäche gestorben. Aber für Herrn K. ist er irgendwo als eine Art Geist im Tierhimmel, und auf Spaziergängen hat er noch immer das Gefühl, von Grischa begleitet und beschützt zu werden. Das gibt ihm Sicherheit, wenn er nun allein unterwegs ist. Weil Grischa in seinen Gedanken so sehr präsent ist, mag Herr K. sich noch keinen neuen Hund zulegen.

Ein Gepard als Krafttier
Frau L. hat bei einem schamanistischen Ritualwochenende für sich als ihr Krafttier den Geparden entdeckt. Mit Hilfe der Phantasie kann sie ihn herbeirufen.

Die Funktion der inneren Helferfiguren kann sehr unterschiedlich sein: Sie können Schutz und Trost geben, Verstärkung der Widerstandskraft im Kampf gegen Hindernisse sein, ebenso können sie Wohlgefühl, Mitgefühl, Bestätigung und Aktivierung bislang wenig gelebter Persönlichkeitsanteile vermitteln, z. B. »Löwenmut« in einer Bewährungssituation. Manchmal übernehmen sie auch qua Delegation Gefühle und Reaktionen, vor denen die Person selbst zurückschreckt: Zorn, Empörung, Wut, Protest und Rache. Auf diese Weise ermöglichen sie unter Umständen eine emotionale Entlastung, die vielleicht vor einer möglichen Konfliktlösung und Versöhnung erst einmal notwendig ist.

Das innere Theater

Die ganze Welt ist Bühne
Und alle Fraun und Männer
bloße Spieler.
WILLIAM SHAKESPEARE[75]

Die folgende Übung kann Ihnen helfen, etwas von der Dramatik aus der Krisensituation herauszunehmen und das Ganze mit mehr Distanz zu betrachten.

Mein aktuelles Drama

Schreiben Sie ein modernes Theaterstück über Ihre gegenwärtige Situation. Wie zu Shakespeares Zeiten steht Ihnen eine ganze Theatertruppe von ehrgeizigen SchauspielerInnen zur Verfügung, die alle gern eine Hauptrolle spielen. Wem geben Sie in Ihrem inneren Drama (oder ist es vielleicht eine Tragikomödie?) die Hauptrolle? In den Entscheidungsdramen, die wir auf der inneren Bühne immer wieder einmal inszenieren, hat das Ich als Regisseur folgende Rollen zu vergeben:

- der Held / die Heldin,
- der innere Kritiker als Gegenspieler,
- die Verbündete, der Freund,
- der innere Feind,
- die oder der weise Alte,
- die oder der Verbannte.

Ferner können in nicht unwichtigen Nebenrollen auftreten:

- der Protestler,
- die Künstlerin,
- der Bedenkenträger,
- die Besserwisserin,
- der Macher,
- die notorische Zweiflerin,
- der Konservative,
- der eingebildete Kranke,
- das Orakel (Kassandra).

Nachdem Sie als Autorin das Stück geschrieben, inszeniert und aufgeführt haben, lassen Sie jetzt einmal die innere Beobachterin (Zuschauerin) und einen begeisterten Kritiker des gesamten Stücks zu Wort kommen. Wie ist der Kommentar dieser inneren Ich-Anteile?

Das Programm wechseln

Eine Möglichkeit, mit Hilfe der Phantasie zu zwanghaften Gedanken, Sorgen und negativen Gefühlen auf Abstand zu gehen, besteht darin, sich vorzustellen, dass Sie all dies als eine Art Fernsehprogramm erleben und dass Sie eine Fernbedienung besitzen, mit der Sie sich in ein anderes Programm einwählen können. Probieren Sie es aus:

Mein neues Programm

Schalten Sie von Ihrem Programm mit Katastrophenfilmen auf einen anderen Kanal um: Wählen Sie ein Programm, das aus Filmen mit lebhaften angenehmen Bildern und Erinnerungen besteht. Alle diese Filme haben Sie wie auf DVDs in einer Phantasiebox verfügbar. Auf dieser Box steht ein großes »R« für Resilienz. Mögliche Filme sind:

- Der letzte schöne Urlaub an der Nordsee.
- Ein Besuch bei einer lieben Freundin, der rundum schön war.
- Eine Fahrradtour durch das Münsterland, vorbei an zahlreichen alten Wasserburgen.

Stellen Sie sich mit Hilfe Ihrer Imagination eine kleine Sammlung solcher schönen Erinnerungsfilme zusammen. Versuchen Sie, bei den schönen Erinnerungsbildern zu lächeln und sich zu entspannen.

Den Rucksack leeren

Bei der folgenden Übung geht es darum zu versuchen, alten Seelenballast loszulassen, damit das Leben wieder etwas leichter wird.

Ballast loswerden

Stellen Sie sich einmal vor, dass Sie auf Ihrem Rücken einen schweren Rucksack tragen, der all Ihre besonderen Lebenserfahrungen, Muster, Konditionierungen, Selbstbilder etc. enthält. Beim Weitergehen spüren Sie, wie beschwerlich es ist, mit einem solchen vollen Rucksack auf Ihrem Lebensweg weiterzuwandern. Es ist an der Zeit innezuhalten, den schweren Rucksack vom Rücken gleiten zu lassen, sich wie befreit aufzurichten, sich hinzusetzen und den Rucksack zu öffnen. Was entdecken Sie alles in diesem Rucksack? Zum Beispiel steinschwere Sätze wie:

- »Ich muss mit allem allein fertigwerden.«
- »Ich darf meinen Partner nicht damit belasten.«

- »Ich schaffe das sowieso nicht.«
- »Anderen geht es ja noch viel schlimmer.«
- »Das konnte auch nur mir passieren, ich hab's ja nicht anders verdient.«
- …

Bei Rucksackinhalten wie diesen handelt es sich um innere Blockadesätze, Barrieren, Minderwertigkeitskomplexe, innere Leitsätze, die vielleicht andere mir ins Lebensskript geschrieben haben und die das Leben belasten.

Auch wenn Sie sie schon Jahrzehnte mit sich herumtragen: Was möchten Sie gern hier und heute – wenn nicht jetzt, wann dann? – aus Ihrem Lebensrucksatz auspacken und loswerden?

Stellen Sie sich einmal vor, wie Sie diesen wackersteinschweren Ballast hier zurücklassen, Ihren Rucksack wieder zubinden und sich bereit machen weiterzugehen. Sie können deutlich spüren, wie viel leichter Ihr Rucksack ist, wenn Sie sich von solchen steinschweren Hemmungs- und Blockade-Sätzen wirklich trennen.

Vielleicht können Sie auch ein paar erleichternde Ermutigungssätze unterwegs einsammeln und mitnehmen, wie z. B.: »Das kann ich mir gut zutrauen.« »Ich bin nicht allein auf der Welt.« »Ich habe doch schon mehr schwierige Situationen bewältigt.«

Mein Erste-Hilfe-Kasten[76]

In der nächsten Übung geht es darum, für sich selbst eine Liste mit allen Dingen und Aktivitäten zusammenzustellen, die Ihnen in Krisen und schwierigen Situationen guttun und helfen könnten, damit Sie sie wie in einem Erste-Hilfe-Kasten für Notfälle bereit haben.

Was mir guttut und helfen kann

Nehmen Sie sich ein Blatt Papier und listen Sie alle Dinge auf, die in Ihren Erste-Hilfe-Kasten hinein sollen. Die Liste besteht aus drei Sparten:

1. Dinge und Aktivitäten, die mir guttun, z. B.:

- ein warmes Bad nehmen oder eine Dusche,
- frische Wäsche anziehen, z. B. einen Lieblingspulli,
- mir einen großen Milchkaffee mit aufgeschäumter Milch zubereiten und dazu ein Stück Kuchen genießen,
- mir selbst eine Rose schenken,
- in meiner Lieblingsbuchhandlung stöbern,
- mir eine Massage gönnen,
- mir eine halbe Stunde Zeit zum Meditieren nehmen,
- in Ruhe ein Mandala ausmalen,
- meine Lieblingsgedichte lesen,
- Urlaubsfotos betrachten,
- einen Rundgang durch den nächsten Park machen,
- Musik hören, von der ich weiß, dass sie mir guttut.

2. Kontakt aufnehmen zu Menschen, die mir guttun, z. B.:

- eine der besten Freundinnen anrufen,
- mit einem früheren Kollegen sprechen, den ich sehr geschätzt habe.
- Listen Sie hier alle Menschen auf, die zu Ihrem engeren und weiteren sozialen Netz gehören und in Krisenfällen hilfreich für Sie sein könnten.

3. Professionelle und institutionelle Hilfen in Anspruch nehmen.

Machen Sie eine Liste mit Adressen und Telefonnummern von professionellen HelferInnen und Krisenhilfeeinrichtungen, z. B.:

- Hausärztin,
- Psychotherapeut,
- Beratungsstellen,

- Telefonseelsorge,
- Krisenhilfezentrum,
- Adressen von Selbsthilfegruppen.

Legen Sie diese Liste in Ihr Tagebuch, besorgen Sie sich dafür ein besonderes Kästchen oder legen Sie auf Ihrem PC einen speziellen Ordner hierfür an.

Begegnung mit der inneren Ratgeberin

Die Übung, die ich persönlich am hilfreichsten finde, ist ein Besuch bei der inneren Ratgeberin, bei Sophia, der weiblichen Weisheit.[77]

Der Weise Alte, die Heilerin oder die innere Ratgeberin sind archetypische Bilder der Weisheit. Über diese Bilder kann es gelingen, mit einem tiefen inneren Wissen, der Weisheit des Selbst, in Kontakt zu treten. Gerade in schwierigen Situationen, wenn Lösungen nicht leicht gefunden werden, kann der imaginative Dialog mit einer solchen Gestalt zu überraschenden Erkenntnissen und innerer Gewissheit verhelfen. Die Begegnung mit der inneren Ratgeberin kann auf folgende Weise imaginiert werden:

Besuch bei Sophia, der inneren Weisheit

Entspannen Sie sich zunächst auf eine Weise, die Ihnen vertraut ist. Erlauben Sie Ihrem Körper, so gut es geht, eine entspannte Haltung einzunehmen. Lassen Sie die einzelnen Glieder locker und schwer werden, oder konzentrieren Sie sich auf Ihren Atem und lassen Sie ihn tief und ruhig ein- und ausfließen. Schließen Sie die Augen, lassen Sie sich durch die Umgebung nicht ablenken. Seien Sie einfach ganz bei sich und genießen Sie diesen Moment.

Nun verlassen Sie den Ort, an dem Sie gerade sind, und machen Sie sich auf den Weg, Ihre eigene innere Weisheit, die Sophia, zu suchen. Wählen Sie einen Weg, und lassen Sie sich dann von diesem führen. Achten Sie darauf, durch welche inneren Seelenlandschaften Ihr Weg Sie führt. Wandern Sie immer weiter, bis Sie von Ferne ein Haus sehen, das von sieben Säulen getragen wird. Es ist das Haus der Sophia, der Weisheit. Es ist gastlich für Sie geöffnet, Sie können eintreten.

Rufen Sie nun nach Sophia und beobachten Sie, ob sie Ihnen aus einem der inneren Gemächer entgegentritt. Bitten Sie sie, sich Ihnen zu erkennen zu geben, in welcher Form und Gestalt auch immer. Sie kann Ihnen in vielen unterschiedlichen Formen erscheinen: als eine alte weise Frau, als eine verstorbene Freundin, vielleicht in einer Tiergestalt oder als ein besonderes Licht. Warten Sie aufmerksam, was nun geschieht.

Wenn Sie ihre Gegenwart spüren und sie – in welcher symbolischen Gestalt auch immer – da ist, so begrüßen Sie sie. Nun können Sie Sophia um einen Rat bitten für Ihre gegenwärtige Lebenssituation, für ein aktuelles Problem, das Sie bedrückt. Seien Sie einfach offen und lauschen Sie, nachdem Sie Ihr Problem und Ihr Anliegen noch einmal formuliert haben; die Stimme der inneren Weisheit ist leise. Lauschen Sie mit dem Herzen auf die Stimme Ihrer eigenen inneren Weisheit. Sie ist ein Teil Ihres höheren Selbst.

Und wenn Sie ihre Botschaft verstanden haben, so bedanken Sie sich bei ihr. Vielleicht möchten Sie ihr noch etwas sagen über die Lasten und Schwierigkeiten Ihres Lebens.

Nun machen Sie sich bereit, sich von der Sophia zu verabschieden. Vielleicht gibt sie Ihnen zum Abschied noch ein Geschenk, bevor sie sich auf stille und fast unmerkliche Weise wieder zurückzieht. Sie machen sich nun wieder auf den Heimweg. Sehen Sie sich noch einmal um und behalten Sie den Weg zur Weisheit im Gedächtnis, so dass Sie, wann immer es nötig ist, an diesen Ort zurückkehren können. Sie gehen denselben Weg zurück und erreichen jetzt wieder Ihren gegenwärtigen Ort und Raum, öffnen langsam die Augen und sind wieder wach und präsent im Hier und Jetzt.

2. Meditation und Selbstbesinnung

Nur in ruhigem Gewässer spiegeln
sich die Dinge unverzerrt. Nur in ruhigem
Gemüt gibt es ein adäquates Erkennen der Welt.
Hans Margolius

Ein schönes Symbol für eine meditative Haltung ist die Schildkröte. Die Schildkröte steht für Ausdauer, Rückzug und Selbstgenügsamkeit. Sie kann sich in ihren Schutzpanzer, ihr Gehäuse, zurückziehen und ist daher auch ein Symbol für Selbstbesinnung, Innenschau und Meditation. In Indien gilt sie zudem als Symbol für Weisheit und – wegen ihres langen Lebens – für Unsterblichkeit. So kann das Symbol der Schildkröte dazu einladen, von Zeit zu Zeit in Rückzug zu gehen, sich vor ständigen Anforderungen und Reizüberflutung zu schützen, die äußeren Sinne gleichsam einzuziehen und sich Zeit und Muße zur Selbstbesinnung zu nehmen.

Auch wenn es zunächst schwierig ist und es keinen Schalter gibt, um einfach ab- und umzuschalten, lohnt es dennoch, den Versuch zu wagen, der eigenen inneren Anspannung und Ruhelosigkeit anders zu begegnen, in sich selbst einen Raum der Stille zu suchen. Meditation ist ein Weg, in einen Zustand der Ruhe und Gelassenheit zu kommen. Es geht nicht darum, gegen Hektik, Stress und Unruhe anzukämpfen, sondern darum, in sich den Wunsch nach Beruhigung, Entspannung und Stille – trotz vieler offener Fragen und ungelöster Probleme – zu stärken und damit vielleicht in einen besseren inneren Zustand zu kommen, so dass Ihre Resilienzfaktoren wirken können.

Anleitung zur Meditation

Meditation ist eine Form, das wache Bewusstsein mit dem Hier-und-Jetzt-Dasein zusammenzubringen. Die einfachste und grundlegende Form, Meditation zu lernen und zu üben, ist, sich zu entspannen. Lassen Sie sich von der folgenden Anleitung in die Meditation führen:

Bewusst im Hier und Jetzt

Wählen Sie eine bequeme Haltung mit aufrechtem Rücken, in der Ihr Körper sich wohl fühlen kann.

Schließen Sie die Augen oder blicken Sie ruhig vor sich hin. Erlauben Sie sich, für diese kleine Zeitinsel von allen Anforderungen und Sorgen frei zu sein, indem Sie sich sagen: »Ich muss jetzt gar nichts müssen.«

Gehen Sie mit liebevoller Achtsamkeit von den Fußspitzen bis zum Scheitel durch den Körper und erlauben Sie dem Körper, sich zu entspannen.

Atmen Sie ruhig in Ihrem eigenen Atemrhythmus, ohne ihn verändern zu wollen.

Richten Sie Ihre Aufmerksamkeit auf das Ein- und Ausatmen oder wählen Sie ein Ankerwort (z. B. Frieden, Stille, Annehmen, Loslassen), zu dem Sie immer wieder zurückkehren, wenn die Gedanken anfangen zu wandern.

Halten Sie die Zeiteinheit, die Sie vorher bestimmt haben (je nach bisheriger Übung 10–30 Minuten), ein.

Das Meditieren gelingt am besten, wenn man daraus eine regelmäßige Gewohnheit macht.

Die nachfolgenden Übungen der Meditation und Selbstbesinnung sollen Ihnen helfen, sich selbst wieder besser auszubalancieren, in die eigene Mitte zu finden. Dazu gehört, die Rhythmen des Lebens zu beachten, denn unser äußeres und inneres Gleichgewicht wird von ihnen bestimmt: Wir brauchen den Rhythmus von Ein- und Ausatmen, den Schlaf-wach-Rhythmus, den Rhythmus von Nahrungsaufnahme und Verdauung, Bewegung und

Ruhe, Aktivität und Passivität, Anspannung und Entspannung, Zeit für sich allein und Zeit mit anderen. Das Herz braucht seinen Rhythmus, und Herzrhythmusstörungen können bekanntlich lebensgefährlich sein.

Ganz besonders in Krisenzeiten, wenn das innere Gleichgewicht bedroht ist, ist es wichtig, danach zu suchen, was helfen kann, wieder in Balance zu kommen, die gestörten Rhythmen wieder in Ausgleich zu bringen, sich auf sich selbst zu besinnen. Hierbei können besonders verschiedene Yoga- und Atemübungen helfen.

Nachdenken über Ruhe und Stille

Die folgenden Fragen können Ihnen helfen, aus innerer Unruhe einen Weg zur Beruhigung zu finden.

Meine Erfahrungen mit Stille

1. An welchem Ort kann ich am besten ruhig werden?
2. Woran denke ich besonders oft, wenn ich allein bin?
3. Um was sorge ich mich gegenwärtig besonders, was macht mich unruhig oder gar ruhelos?
4. Welche Musik hilft mir, mich zu beruhigen?
5. Wie fühlt es sich an, wenn ich voller Unruhe bin?
6. Welche besonderen Erfahrungen von Stille hat es in meinem Leben gegeben?
7. Wie fühlt sich Ruhe an: in meinen Händen, Füßen, im Bauchraum, Brustraum, im Kopf, in den Ohren?
8. Welche(s) Geräusch(e) ist/sind typisch für mich?
9. Wie erlebe ich:
   - die Stille eines Steins,
   - die Stille einer Kerze,
   - die Stille einer schlafenden Katze?
10. Wie unterscheiden sich für mich Abendstille, Morgenstille und Mittagsstille?
11. Wie erlebe ich Schweigen? Gibt es etwas, vor dem ich mich im Schweigen fürchte?

12. Wonach sehne ich mich?
13. Was sind für mich Geschenke der Stille?
Lächeln Sie eine Weile still vor sich hin, lassen Sie bei jedem Ausatmen etwas mehr los, achten Sie auf die kleine Pause zwischen Einatmen und Ausatmen und stellen Sie sich vor, dass beim Einatmen neue Energie in Sie einströmt.

Steinmeditation

Auch Gegenstände können eine Unterstützung bei der Meditation sein. Versuchen Sie einmal, mit Hilfe eines Steins in die innere Stille zu gelangen:

Sich vom Stein in die Stille führen lassen

Nehmen Sie einen Stein in die Hand, den Sie vielleicht bei einer Wanderung gefunden oder vom letzten Strandurlaub mitgebracht haben, und betrachten Sie ihn, als sähen Sie ihn zum ersten Mal.

Legen Sie den Stein vor sich hin und betrachten Sie ihn. Er bewegt sich nicht, liegt einfach ruhig da.

Versuchen Sie beim Betrachten, die Besonderheiten dieses Steins zu erfassen. Auch jeder Kieselstein ist einzigartig.

Wo könnte er herkommen? Was ist seine Geschichte? Vielleicht ist er aus einem Fels gebrochen oder er wurde lange Zeit in einem Geröllfeld geschoben, gestoßen, gerieben.

Vielleicht hat die sanfte Kraft des Wassers ihn umflossen und mit unendlicher Geduld fließend an ihm gearbeitet, bis er seine runde, anschmiegsame Form erhalten hat.

Können Sie nachspüren, was es heißt, abgerieben, abgerundet zu werden? Versuchen Sie, das Werden und die Geschichte dieses Steins mit Hilfe Ihrer Phantasie nachzuvollziehen: Feuer, Wasser, Erde und Wind haben diesen Stein geformt – wie ist das geschehen?

Schließen Sie jetzt die Augen und sehen Sie den Stein vor Ihrem inneren Auge. Berühren Sie ihn innerlich. Wie fühlt er sich an?

Wechseln Sie einige Male mit Bedacht zwischen dem genauen Betrachten und dem inneren Schauen mit geschlossenen Augen hin und her.

Versuchen Sie, das unendlich langsame, geduldige, sich über viele Jahrtausende erstreckende Werden dieses Steins nachzuvollziehen, seine Ausstrahlung der Ruhe in sich aufzunehmen und selbst dabei still zu werden.

Der persische Sufi-Mystiker Rumi sagt:

Gott schläft im Stein, er atmet in der Pflanze, er träumt im Tier, und er erwacht im Menschen.

Kerzenmeditation

Auch eine Kerze kann Ihnen helfen, in die Ruhe zu kommen und sich des eigenen inneren Lichts bewusst zu werden.

Das Licht der Kerze

Zünden Sie eine Kerze aus Bienenwachs an und stellen Sie sie vor sich hin.

Betrachten Sie sie ruhig: den festen Körper aus Wachs, den brennenden Docht, und beobachten Sie, wie die Kerzenflamme aufsteigt und größer wird, wie langsam, durch die Flamme erwärmt, das Wachs schmilzt. Das flüssige Wachs strömt in den Docht und wird von der Flamme verzehrt.

Gehen Sie mit Ihrer Phantasie auf eine Reise zu einem Bienenstock, der nahe bei einer blühenden Sommerwiese steht, und sehen Sie, mit wie viel Mühe die Bienen immer wieder ausschwärmen und Blütenpollen sammeln, aus unzähligen Wiesenblumen – ein ganzes Meer von Blüten, das die Natur bereitgestellt hat.

Sehen Sie die Menge an Honig und Wachs im Bienenstock, die ein sorgsamer Imker nun einsammelt.

Beobachten Sie, wie Kerzen daraus gezogen werden, und stellen Sie sich vor, wie auf dem weiteren Weg des Handels und Verkaufs diese Gaben der Natur zu Ihnen gelangt sind, um Ihnen das kleine Wunder des Kerzenlichts zu schenken.

Betrachten Sie die Kerze erneut, mit Staunen und Dankbarkeit. Die Kerze braucht Sauerstoff – wie Sie. Sie nehmen – wie die Kerze – Sauerstoff aus dem gleichen Luftraum auf.

Versuchen Sie, immer stiller und ruhiger zu werden, während Sie in das stille Brennen der Kerze schauen und mit der Flamme zusammen atmen.

Die Kerze strömt Wärme und Licht aus. Auch wir Menschen strömen Wärme und Licht aus; Licht (Biophotonen) gibt es in jeder Körperzelle.

Schließen Sie jetzt die Augen, nehmen Sie sich selbst wahr als Wesen, das Wärme und Licht sendet. Lassen Sie vor Ihrem inneren Auge ein helles Licht aufleuchten und fühlen Sie sich darin ruhig und geborgen.

Gönne dich dir selbst: Sich selber gut sein

In einem Brief von Bernhard von Clairvaux an Papst Eugen III. stehen die folgenden Sätze und Ermahnungen:

Wenn Du Dein ganzes Leben und Erleben völlig ins Tätigsein verlegst und keinen Raum mehr für die Besinnung vorsiehst, soll ich Dich da loben? […] Wenn also alle Menschen ein Recht auf Dich haben, dann sei auch Du selbst ein Mensch, der ein Recht auf sich selbst hat. Warum solltest einzig Du selbst nichts von Dir haben? Wie lange bist Du noch ein Geist, der auszieht und nie wieder heimkehrt (Ps 78,39)? Wie lange noch schenkst Du allen andern Deine Aufmerksamkeit, nur nicht Dir selber? […] Bist Du Dir etwa selbst ein Fremder? Und bist Du nicht jedem fremd, wenn Du Dir selber fremd bist? Ja, wer mit sich selbst schlecht umgeht, wem kann der gut sein? Denke also daran: Gönne Dich Dir selbst. Ich sage nicht: Tu das immer, ich sage nicht: Tu das oft, aber ich sage: Tu es immer wieder einmal. Sei wie für alle anderen auch für Dich selbst da, oder jedenfalls sei es nach allen anderen.[78]

Wie Sie ja aus dem Kapitel über Resilienz wissen: Gute Selbstsorge meint nicht, egozentrisch zu sein und sich nur noch um sich selbst zu kümmern, sondern bedeutet, die Verantwortung für das eigene Wohlergehen auf erwachsene Weise zu übernehmen. Viele hilfreiche Gedanken dazu sind auch in den Texten von Wilhelm Schmid zur *Philosophie der Lebenskunst*[79] zu finden. Aber schon der mittelalterliche Mönch Bernhard von Clairvaux wusste Wesentliches dazu zu sagen, das auch für Menschen des 21. Jahrhunderts hilfreich sein kann:

Es ist viel klüger, Du entziehst Dich von Zeit zu Zeit Deinen Beschäftigungen, als dass sie Dich ziehen und Dich nach und nach an einen Punkt führen, an dem Du nicht landen willst. [...] An den Punkt, wo das Herz hart wird.[80]

Gönne dich dir selbst

Lassen Sie sich selbst einmal ansprechen mit der Ermahnung: »Gönne dich dir selbst!« Was fällt Ihnen dazu ein? Welche Formen, sich selbst gut zu sein, können Sie genießen? Was für Rückzugsmöglichkeiten gäbe es für Sie? Was könnten Sie sich heute noch gönnen?

Umgang mit der Lebenszeit

Ein wichtiger Resilienzfaktor ist ein guter Umgang mit Zeit.

Schicksalsschläge und plötzlich lebensverändernde Ereignisse wie Unfälle, Krebsdiagnosen, Todesfälle im Bereich des Familien- und Freundeskreises benötigen Zeit für das Realisieren des Ereignisses und für die Verarbeitung. Häufig entsteht Druck, schnell etwas bewältigen und bald wieder zur gewohnten Ordnung zurückkehren zu müssen. Aber die Seele braucht Zeit, ihre Zeit, um durch einen Prozess der Krisenbewältigung hindurchzukommen. Gute Resilienz bedeutet also nicht, möglichst schnell wieder zur Tagesordnung zu finden, sondern sich die Zeit, die etwas braucht, auch zu gönnen. Dies gilt ganz besonders für die Trauerphasen nach einem schweren Verlust.

Zur Förderung der Resilienz und der Anpassungsfähigkeiten an eine neue Situation ist es hilfreich, für sich einmal das eigene Verhältnis zur Zeit und die Umgangsweisen mit dem Faktor Zeit im Sinne der Selbsterkenntnis zu bedenken und zu überprüfen.

Umgang mit der Lebenszeit

1. Was kennzeichnet Ihr Verhältnis zur Zeit?
   - Sie ist immer zu knapp.
   - Zeit ist vor allem Arbeitszeit.
   - Sie läuft mir davon, ich laufe hinter ihr her.
   - Zeit haben ist Luxus.
   - Viel freie Zeit ist öde.
   - Ich habe ständig Zeitdruck.
   - Ich habe immer Zeit für das, was gerade ansteht.
2. Wofür haben Sie überhaupt keine Zeit?
3. Was ist die schönste Zeit Ihres Lebens?
4. Wann vertreiben Sie sich die Zeit? Womit?
   - Kennen Sie »Zeit totschlagen«?
   - Sind Sie WiederholungstäterIn?
5. Gibt es neben Zeitplänen auch Zeitinseln für Sie? Welche?
6. Was fällt Ihnen zu dem Spruch von Ödön von Horváth ein: »Eigentlich bin ich ganz anders, nur komme ich so selten dazu«?
7. Was sind Ihre Erste-Hilfe-Maßnahmen bei Zeitnot?
8. Was machen Sie am liebsten ganz, ganz langsam?
9. Was könnten Sie für sich selbst zur Entschleunigung tun?
10. Begründen Sie für sich selbst das Recht auf Faulheit.
11. Für was ist es zurzeit allerhöchste Zeit in Ihrem Leben?

Ein Mensch, dem nicht an jedem Tag eine Stunde gehört, ist kein Mensch. (Mosche Löb von Sarow)

Schluss: Gestärkt aus schwierigen Situationen hervorgehen

Von Krisen lernen

Was bedeutet es, eine Krise oder andere schwierige Lebenssituationen zu bewältigen, und – wenn man akzeptieren kann, dass eine Krise auch eine Lernaufgabe ist, die das Leben einem stellt – was lässt sich daraus lernen?

Mit der Bewältigung persönlicher Krisen gewinnt man die eigene Handlungsfähigkeit zurück. Man hat sich selbst besser kennengelernt, hat es geschafft, sich auf eine veränderte Lebenssituation neu einzustellen, kann wieder Lebensperspektiven entwickeln. Trotz der Erfahrung, dass das Leben nicht nach Plan verläuft, kann der Blick wieder nach vorne gerichtet werden. Das Helle und das Dunkle suchen wie Yin und Yang wieder ein Gleichgewicht, die Waagschalen von Lebenslast und Lebenslust pendeln sich wieder ein, die Resilienzkräfte haben sich wieder einmal bewährt, uns vor Schlimmem bewahrt bzw. uns aus einer schwierigen Lage herausgeholfen.

Was kann man aus der Bewältigung einer Krise lernen? In einer Zeit krisenhafter Veränderungen in so vielen gesellschaftlichen Lebensbereichen ist immer öfter von einer notwendigen Krisenkompetenz die Rede. Was könnte das bedeuten?

Fragt man Menschen nach überstandener Krise, was sie aus der Krise gelernt haben, was ihnen wichtige Erkenntnisse und Einsichten waren, so gibt es häufig Antworten wie die folgenden:

- »Die Krise hat bei mir den Glauben an mich selbst und meine Fähigkeit, mit Schwierigem umzugehen, verstärkt.«
- »Mir ist klar geworden, wie wichtig es ist, sich nicht nur oder nicht mehr als Opfer zu fühlen.«

- »Ich habe verstanden, wie wichtig in der Krise ein Perspektivwechsel ist – raus aus dem Tunnelblick –, um herauszufinden, was in einer gegebenen Situation doch noch geht.«
- »Das Schicksal annehmen und nicht dagegen ankämpfen.«
- »Ich bin wirklich frei geworden für Neues und habe Hoffnung, nach der Trennung wieder einen Partner zu finden.«
- »Ich wünschte, es wäre nicht passiert, aber es hat mich stärker und reicher an Lebenserfahrung gemacht.«

Im Einzelnen lässt sich oft nicht herausfinden, welche Kräfte aus dem Bereich der Resilienzfaktoren, über die ein Mensch in schwierigen Zeiten verfügen konnte, vor allem wirksam waren. Aber das Zutrauen zum Leben selbst und zu den mit dem Leben verbundenen Bewältigungs- und Heilkräften ist gestiegen.

Kritik an Resilienzkonzept

Bei allen positiven und heilsamen Erfahrungen, die mit der Förderung von Resilienz verbunden sind, ist es mir am Ende dieses Buches wichtig, noch einige kritische Anmerkungen zu machen.

Aus meiner Sicht wird ein Resilienzkonzept problematisch, wenn es nur das Individuum und seine persönlichen Resilienzmöglichkeiten im Blick hat und die Frage nach dem politisch und gesellschaftlich verursachten Leiden nicht reflektiert, wenn der Einzelne nicht auch in komplexen Mensch-Umwelt-Beziehungen gesehen wird und nicht mitbedacht wird, unter welchen sozialen und politischen Bedingungen er lebt.

Der Sozialphilosoph Jürgen Habermas warnte schon vor Jahrzehnten vor der „Kolonisierung der Lebenswelt“ und dem Menschenbild des Homo oeconomicus einer neoliberalen Gesellschaftsordnung, die den Einzelnen als unternehmerisches Selbst, als Ich-Agentur mit eigenem vollen Risiko sieht. Resilienzforderung und -förderung darf nicht dazu missbraucht werden, dem Einzelnen die Verantwortung für sein Wohlergehen zu überlassen.

Das Resilienzkonzept darf nicht eingeengt werden auf individuelle, personale Fähigkeiten. Es muss immer auch gefragt werden: Welche Schutzfaktoren brauchen wir in unserer Umwelt und Mitwelt? Wie muss die Politik auf krankmachende Umwelteinflüsse und inhumane soziale Bedingungen einwirken? Neben der Eigenverantwortlichkeit braucht es eine menschenbezogene Sozialpolitik, Bildungs-, Gesundheits- und Wirtschaftspolitik.

Diese Zusammenhänge müssen ebenso gesehen werden wie die Notwendigkeiten therapeutischer Hilfe und Unterstützung, mit der die Psychologie sich an den einzelnen Menschen richtet.

Die Heilkraft des Gingkobaums

Zum Abschluss noch ein Blick auf die Gingkoblätter auf dem Buchumschlag. Mit Bedacht wurde dieses Motiv gewählt: Der Gingko ist eine uralte, ganz eigene Pflanzenart, weder ein Nadel- noch ein Laubbaum. Ursprünglich in China beheimatet, ist er heute auf der ganzen Welt verbreitet. Er kann tausend Jahre und noch älter werden und ist in der Lage, auch sehr schlechten Umweltbedingungen zu widerstehen.

Die Blätter des Gingkos sind wunderschöne fächerförmige Gebilde, im Sommer grün, im Herbst goldgelb bis braun, bevor sie abfallen. Es gibt weibliche und männliche Bäume. In Asien wird er besonders als Tempelbaum geschätzt.

Dem Gingko werden besondere Heilkräfte zugeschrieben, vor allem in der traditionellen chinesischen Medizin. Er soll Lernvermögen und Gedächtnisleistungen verbessern. Die Japaner und die Chinesen verehren seine Lebenskraft und sprechen ihm Wunderheilungen zu. Der Gingko zeigt eine hohe Resistenz gegenüber Pflanzenschädlingen. Seine Blätter haben eine große Immunität gegenüber Viren und Bakterien. Daher ist er ein passendes Pflanzensymbol für dieses Resilienzbuch, in dem es um die Widerstands- und Heilkräfte der Seele geht.

Goethe hat zum Ginkgoblatt ein wunderbares Gedicht geschrieben. Darin heißt es:

Dieses Baumes Blatt, der von Osten
Meinem Garten anvertraut,
Gibt, geheimen Sinn zu kosten,
Wie's den Wissenden erbaut.[81]

Ich wünsche Ihnen, dass auch Sie am Ende des Buches in Bezug auf Resilienz und Ihre eigenen Lebenskräfte wissender geworden sind und den Sinn in manchen Geschehnissen entdecken können.

Dank

Mein Dank gilt vor allem den Menschen, die ich in schwierigen Zeiten als Psychotherapeutin begleitet habe und die mich viele Lebensprobleme besser verstehen lehrten.

Ein Buch hat immer viele Helferinnen und Helfer im Hintergrund, damit es erscheinen kann. Ich danke auch ihnen, ohne sie hier einzeln zu benennen, bis auf eine: Frau Dr. Christiane Neuen, meine Lektorin, hat mich auf besondere Weise ermutigt, mich auf das Thema Resilienz einzulassen. Sie war auch hierbei die »Buch-Hebamme«.

Anhang

Anmerkungen

1 Jung (1932b, 1971ff./2011ff.), GW 8, § 747.
2 Die Übungen in Teil 3 und 4 dieses Buches wurden – in überarbeiteter und zum Teil erweiterter Form – aus meinem Buch *Lebenskrisen. Die Seele stärken durch Bilder, Geschichten und Symbole* (Walter, Mannheim 2010) übernommen.
3 Novalis (1968), S. 19f.
4 Welter-Enderlin (2010), S. 30.
5 Siehe hierzu den nachfolgenden Abschnitt über Resilienzforschung.
6 Vgl. Berndt (2013), S. 137.
7 Vgl. Werner/Smith (1992).
8 Vgl. ebd., S. 65ff.
9 Vgl. Diegelmann (2010), S. 87.
10 Laucht et al. (2000).
11 Satir (1998), S. 28.
12 Bloch (1973), S. 1.
13 Romankiewicz (2008), S. 13.
14 Hüther (2006), S. 93.
15 Gussone/Schiepeck (2000), S. 126.
16 Rilke (1996c), S. 598.
17 Ich erzähle diese Geschichten aus dem Gedächtnis.
18 Dieser sowie der nachfolgende Absatz enthalten überarbeitete Passagen aus: Dorst (2011), S. 185.
19 Vgl. Holmes/Rahe (1967), S. 213–218.
20 Dieser Abschnitt enthält überarbeitete Passagen aus: Dorst (2006), S. 200f.
21 Der Name und die personenspezifischen Daten wurden zum Zweck der Anonymisierung in diesem wie auch in allen anderen Fallbeispielen verändert.
22 Vgl. Dorst (2006), S. 200f.
23 Vgl. ebd., S. 201.
24 Weischedel (1980).

25 Dieser Abschnitt enthält überarbeitete Passagen aus: Dorst (2011), S. 185, 188.
26 Vgl. ebd., S. 185.
27 Jung (1945, 1971ff./2011ff.), GW 13, § 476.
28 Ders. (1932a, 1971ff./2011ff.), GW 11, § 497. Vgl. Dorst (2011), S. 188.
29 Vgl. ebd.
30 Domin (1987), S. 294.
31 Jung (1935, 1971ff./2011ff.), GW 9/I, § 44.
32 Ders. (1921, 1971ff./2011ff.), GW 6, § 78.
33 Hüther (2004), S. 22.
34 Vgl. Dorst (2022).
35 Seifert/Seifert (2006), S. 51.
36 Adam (2003), S. 91.
37 Kast (1990/2022),S. 26.
38 Dieser Abschnitt enthält überarbeitete Passagen aus: Dorst (2022), S. 25.
39 Vgl. ebd.
40 Kuntz (2009), S. 27.
41 Jacobi (1981), S. 35.
42 Lauf (1976), S. 37.
43 Bauer / Dümotz / Gologin (1980), S. 12.
44 Zum Beispiel in der Schrift *Ziele der Psychotherapie*, Jung (1929, 1971ff./2011ff.), GW 16, § 99.
45 Die Fragen sind übernommen aus: Dorst (2022), S. 35.
46 Hesse (1997), S. 676.
47 Vgl. Pera (1999), S. 85f.
48 Hesse (1997), S. 472.
49 Hesse, in: Honnefelder (1977), S. 89.
50 Rilke (1996a), S. 180f.
51 Vgl. Lurker (1990), S. 112.
52 Bachmann (1987), S. 67.
53 Steggink / Kleyn-Alternburger (1979), S. 13.
54 Kunze (1969), S. 51.
55 Goethe (1779/1948).
56 Rilke (1996b), S. 199.
57 Riedel (1985), S. 133.
58 Jung (1943, 1971ff./2011ff.), GW 12, § 6.
59 Vgl. Jaskolski (1994), S. 95.

60 Steiner (2002), Zweites Bild.
61 Candolini (1999).
62 Pascal (1960), S. 9.
63 Ebd., S. 47.
64 Jung (1961/1984), S. 251.
65 Saint-Exupéry (1984), S. 52.
66 Goethe (1790/1954), S. 261f.: 3. Aufzug, 2. Auftritt.
67 Fried (1990), S. 35.
68 Diese Herzensmeditation formuliere ich in der herzlicheren Du-Form.
69 Dieser Abschnitt enthält überarbeitete Passagen aus: Dorst (2022), S. 108f., 110f.
70 Vgl. ebd., S. 110f.
71 Kast (1998), S. 163.
72 *Der goldene Schlüssel* (KMH 200). In: Brüder Grimm (1985), S. 564f. (Rechtschreibung und Interpunktion behutsam modernisiert.)
73 Die Geschichten stammen aus verschiedenen spirituellen Traditionen und wurden über Jahrhunderte mündlich überliefert. Ich selbst habe sie irgendwo gehört oder gelesen und erzähle sie mit eigenen Worten nach.
74 Diese Übung ist entnommen aus: Dorst (2022), S. 162.
75 Shakespeare, *Wie es euch gefällt,* II,7.
76 Zu dieser Übung wurde ich inspiriert und angeregt durch Ellen Spangenbergs Übung »Mein persönlicher Notfall-Koffer«, in: Spangenberg (2008), S. 75.
77 Diese Übung ist übernommen aus: Dorst (2022), S. 164f.
78 Bernhard von Clairvaux (1990), S. 74f.
79 Schmid (1998).
80 Bernhard von Clairvaux (1990), S. 74.
81 Goethe (1992), S. 137.

Literatur

Adam, K.-U. (2003): Therapeutisches Arbeiten mit dem Ich. Denken, Fühlen, Empfinden, Intuieren – die vier Ich-Funktionen. Walter, Düsseldorf/Zürich.

Bachmann, I. (1987): An die Sonne. In: Anrufung des Großen Bären. Gedichte. 10. Aufl. Piper, München, S. 67. Bauer, W. / Dümotz, I. / Gologin, S. (1980): Lexikon der Symbole. Fourier, Wiesbaden.

Berndt, C. (2013): Resilienz. Das Geheimnis der psychischen Widerstandskraft. Was uns stark macht gegen Stress, Depressionen und Burn-out. München, dtv.

Bernhard von Clairvaux (1990): Gotteserfahrung und Weg in die Welt. Herausgegeben, eingeleitet und übersetzt von B. Schellenberger. Walter, Olten / Freiburg im Breisgau.

Bloch, E. (1973): Das Prinzip Hoffnung. Suhrkamp, Frankfurt am Main.

Brüder Grimm (1985): Kinder- und Hausmärchen. Bd II. Herausgegeben und mit Nachwort versehen von C. Helbling. Manesse, Zürich.

Candolini, G. (1999): Labyrinthe. Ein Praxisbuch zum Malen, Bauen, Tanzen, Spielen, Meditieren und Feiern. Pattloch, Augsburg.

Diegelmann, C. (2007): Trauma und Krise bewältigen. Psychotherapie mit TRUST. Klett-Cotta, Stuttgart.

Diegelmann, C. (2010): TRUST: Impulse für einen integrativen Behandlungsansatz. Salutogenese, Resilienz und Positive Psychologie als Fundament. In: Diegelmann, C. / Isermann, M. (Hg.) (2010): Ressourcenorientierte Psychoonkologie. Psyche und Körper ermutigen. Kohlhammer, Stuttgart, S. 80–98.

Diegelmann, C. / Isermann, M. (Hg.) (2010): Ressourcenorientierte Psychoonkologie. Psyche und Körper ermutigen. Kohlhammer, Stuttgart.

Ditz, S. / Diegelmann, C. / Isermann, M. (Hg.) (2006): Psychoonkologie – Schwerpunkt Brustkrebs. Ein Handbuch für die ärztliche und psychotherapeutische Praxis. Kohlhammer, Stuttgart.

Domin, H. (1987): Gesammelte Gedichte. S. Fischer, Frankfurt am Main.

Dorst, B. (2006): Burn-out-Prophylaxe und die Sorge um sich selbst. In: Ditz, S./Diegelmann, C./Isermann, M. (Hg.): Psychoonkologie – Schwerpunkt Brustkrebs. Ein Handbuch für die ärztliche und psychotherapeutische Praxis. Kohlhammer, Stuttgart, S. 198–205.

Dorst, B. (2011): Erkrankung, Sinnfragen und Spiritualität. In: Diegelmann, C./Isermann, M. (Hg.): Ressourcenorientierte Psychoonkologie. Psyche und Körper ermutigen. 2., erw. Aufl., Kohlhammer, Stuttgart, S. 184–191.

Dorst, B. (2022): Therapeutisches Arbeiten mit Symbolen. Wege in die innere Bilderwelt. 3., aktualisierte Aufl. Kohlhammer, Stuttgart.

Dorst, B. (2018): Hoffnung und Ermutigung in schwierigen Zeiten. In: H. Blonski (Hg.): Hoffnung im Alter. Eine interdisziplinäre Betrachtung. Mabuse, Frankfurt am Main, S. 33–60.

Dorst, B. / Vogel, R. T. (Hg.) (2014): Aktive Imagination. Schöpferisch leben aus inneren Bildern. Kohlhammer, Stuttgart.

Frankl, V. (1987): Ärztliche Seelsorge. S. Fischer, Frankfurt am Main.

Fried, E. (1990): Als ich mich nach dir verzehrte. Gedichte von der Liebe. Wagenbach, Berlin.

Goethe, J. W. von (1779/1948): Gesang der Geister über den Wassern. In: Sämtliche Werke in 18 Bänden. Hg. von E. Beutler unter Mitarbeit zahlreicher Fachgelehrter. Band 1: Sämtliche Gedichte. Erster Teil: Die Gedichte der Ausgabe letzter Hand. Artemis, Zürich, S. 306ff.

Goethe, J. W. von (1790/1954): Torquato Tasso. Ein Schauspiel. In: Sämtliche Werke in 18 Bänden. Hg. von E. Beutler unter Mitarbeit zahlreicher Fachgelehrter. Band 6: Die Weimarer Dramen. Artemis, Zürich, S. 213–314.

Goethe, J. W. von (1992): Herz, mein Herz, was soll das geben? Goethes schönste Gedichte. Ausgewählt von Wolfgang Ritschel und Erika Weber. Aufbau, Berlin/Weimar.

Gruhl, M. (2014): Resilienz. Die Strategie der Stehauf-Menschen: Krisen meistern mit innerer Widerstandskraft. Kreuz, Freiburg im Breisgau.

Gussone, B./Schiepek, G. (2000): Die »Sorge um sich«. Burnout-Prävention und Lebenskunst in helfenden Berufen. dgvt-Verlag, Tübingen.

Hesse, H. (1970): Iris. Aus: ders.: Gesammelte Werke Band 6: Märchen. Wanderung. Bilderbuch. Traumfährte (Werkausgabe Edition Suhrkamp). Suhrkamp, Frankfurt am Main.

Hesse, H. (1997): Die Gedichte. 4. Aufl. Suhrkamp, Frankfurt am Main.

Holmes, T. H./Rahe, R. H. (1967): The social readjustment rating scale. In: Journal of Psychosomatic Research 11, S. 213–218.

Honnefelder, G. (Hg.) (1977): Das Insel-Buch der Bäume. Insel, Frankfurt am Main.

Hüther, G. (2004): Die Macht der inneren Bilder. Wie Visionen das Gehirn, den Menschen und die Welt verändern. Vandenhoeck & Ruprecht, Göttingen.

Hüther, G. (2006): Ursachen und Auswirkungen von Angst und Stress und Möglichkeiten der Bewältigung seelischer Belastungen aus neurobiologischer Sicht. In: Ditz, S./Diegelmann, C./Isermann, M. (Hg.): Psychoonkologie – Schwerpunkt Brustkrebs. Ein Handbuch für die ärztliche und psychotherapeutische Praxis. Kohlhammer, Stuttgart, S. 93–102.

Jacobi, J. (1981): Vom Bilderreich der Seele. Wege und Umwege zu sich selbst. Walter, Olten.

Jaskolski, H. (1994): Das Labyrinth. Symbol für Angst, Wiedergeburt und Befreiung. Kreuz, Stuttgart.

Jung, C. G. (1921, 1971ff./2011ff.): Psychologische Typen. GW 6.

Jung, C. G. (1929, 1971ff./2011ff.): Ziele der Psychotherapie. In: GW 16, §§ 66–113.

Jung, C. G. (1932a, 1971ff./2011ff.): Über die Beziehung der Psychotherapie zur Seelsorge. In: GW 11, §§ 488–538.

Jung, C. G. (1932b, 1971ff./2011ff.): Wirklichkeit und Überwirklichkeit. In: GW 8, §§ 742–748.

Jung, C. G. (1935, 1971ff./2011ff.): Über die Archetypen des kollektiven Unbewußten. In: GW 9/I, §§ 1–86.

Jung, C. G. (1943, 1971ff./2011ff.): Einleitung in die religionspsychologische Problematik der Alchemie. In: GW 12, §§ 1–43.

Jung, C. G. (1945, 1971ff./2011ff.): Der philosophische Baum. In: GW 13, §§ 304–482.

Jung, C. G. (1961/1984): Erinnerungen, Träume, Gedanken. Aufgezeichnet und herausgegeben von A. Jaffé. Sonderausgabe. Walter, Olten.

Jung, C. G. (1971 ff./2011ff.): Gesammelte Werke (GW). 20 Bde. Hg. von Jung-Merker, L. / Rüf, E. / Zander, L. et al. Walter, Olten und Düsseldorf (Sonderausgabe: Edition C. G. Jung im Patmos Verlag, Ostfildern).

Kast, V. (2000/2014): Lebenskrisen werden Lebenschancen. Wendepunkte des Lebens aktiv gestalten. Herder, Freiburg im Breisgau (11. Aufl. der Taschenbuchausg. Herder, Freiburg im Breisgau).
Kast, V. (1987/2020): Der schöpferische Sprung. Vom therapeutischen Umgang mit Krisen. Walter, Olten (2. Aufl. der Neuausg. Patmos, Ostfildern).
Kast, V. (1990/2022): Die Dynamik der Symbole. Grundlagen der Jungschen Psychotherapie. Walter, Olten (4. Aufl. der Neuausg. Patmos, Ostfildern).
Kast, V. (1998): Vom gelingenden Leben. Märcheninterpretationen. Walter, Zürich/Düsseldorf.
Kolf, G. M. (2014): Resilienz – Fähigkeit der inneren Stärke. Via Nova, Petersberg.
Kuntz, H. (2009): Imagination – Heilsame Bilder als Methode. Klett-Cotta, Stuttgart.
Kunze, R. (1969): Sensible Wege. Achtundvierzig Gedichte und ein Zyklus. Rowohlt, Reinbek bei Hamburg.
Laucht, M. / Esser, G. / Schmidt, M. H. (2000): Längsschnittforschung zur Entwicklungsepidemiologie psychischer Störungen: Zielsetzung, Konzeption und zentrale Befunde der Mannheimer Risikokinderstudie. In: Zeitschrift für Klinische Psychologie- und Psychotherapie, Vol. 29, Nr. 4, Oktober 2000, S. 246–262.
Lauf, D.-I. (1976): Symbole. Verschiedenheit und Einheit in östlicher und westlicher Kultur. Insel, Frankfurt am Main.
Lurker, M. (1990): Die Botschaft der Symbole. In Mythen, Kulturen und Religionen. Kösel, München.
Novalis (1968): Gedichte. Romane. Eingeleitet und erläutert von E. Staiger. Manesse, Zürich.
Pascal, B. (1960): Gedanken über Gott und den Menschen. Insel, Wiesbaden.
Pera, H. (1999): Sterbende verstehen. Ein praktischer Leitfaden zur Sterbebegleitung. Herder, Freiburg im Breisgau.
Riedel, I. (1985): Formen. Kreis, Kreuz, Dreieck, Quadrat, Spirale. Kreuz, Stuttgart/Zürich (Vollst. überarb., neu gestaltete und erw. Ausg. Kreuz, Stuttgart 2002, unter dem Titel: *Formen. Tiefenpsychologische Deutung von Kreis, Kreuz, Dreieck, Quadrat, Spirale und Mandala*).
Rilke, R. M. (1996a): Gedichte 1906 bis 1926. Vollendetes. In: ders.: Die Gedichte. 8. Aufl. Insel, Frankfurt am Main, S. 794–974.

Rilke, R. M. (1996b): Das Stunden-Buch. Erstes Buch: Das Buch vom mönchischen Leben (1899). In: ders.: Die Gedichte. 8. Aufl. Insel, Frankfurt am Main, S. 197–247.

Rilke, R. M. (1996c): Requiem (1908). Für eine Freundin. In: ders.: Die Gedichte. 8. Aufl. Insel, Frankfurt am Main, S. 589–600.

Romankiewicz, B. (2008): Hoffnung neu entdecken. Patmos, Düsseldorf.

Saint-Exupéry, A. de (1984): Der kleine Prinz. Mit Zeichnungen des Verfassers. Neuauflage. Karl Rauch, Düsseldorf.

Satir, V. (1998): Selbstwert und Kommunikation. Familientherapie für Berater und zur Selbsthilfe. 13. Aufl. Pfeiffer, München.

Schmid, W. (1998): Philosophie der Lebenskunst. Eine Grundlegung. Suhrkamp, Frankfurt am Main.

Seifert, A. L. / Seifert, Th. (2006): Intuition – die innere Stimme. Walter, Düsseldorf.

Spangenberg, E. (2008): Dem Leben wieder trauen. Traumaheilung nach sexueller Gewalt. Patmos, Düsseldorf.

Steggink, O. / Kleyn-Altenburger, B. (1979): Der Sonnengesang des Heiligen Franz von Assisi. Aurum, Freiburg im Breisgau.

Steiner, Rudolf (2002): Die Prüfung der Seele. Szenisches Lebensbild als Nachspiel zur » Pforte der Einweihung«. Gideon-Spicker, Dornach.

Weischedel, W. (1980): Skeptische Ethik. Suhrkamp, Frankfurt am Main.

Welter-Enderlin, R. (2010): Resilienz und Krisenkompetenz. Kommentierte Fallgeschichten. Carl Auer, Heidelberg.

Welter-Enderlin, R. / Hildenbrand, B. (2006): Resilienz. Gedeihen trotz widriger Umstände. Carl Auer, Heidelberg.

Werner, E. E. / Smith, R. S. (1992): Overcoming the Odds. High Risk Children from Birth to Adulthood. Cornell University Press, Ithaka/ London.

Wunsch, A. (2013): Mit mehr Selbst zum stabilen ICH! Resilienz als Basis der Persönlichkeitsbildung. Springer Spektrum, Heidelberg.

Wustmann, C. (2004): Resilienz. Widerstandsfähigkeit von Kindern in Tageseinrichtungen fördern. Beltz, Weinheim/Basel.

Zitatnachweis

26 Aus: Virginia Satir, Selbstwert und Kommunikation. Familientherapie für Berater und zur Selbsthilfe. Aus dem Amerikanischen von Maria Bosch und Elke Wisshak. © 1972 by Science and Behavior Books, Inc. Klett-Cotta (Leben Lernen 18) Stuttgart 1975.

28 Aus: Gerald Hüther, Ursachen und Auswirkungen von Angst und Stress und Möglichkeiten der Bewältigung seelischer Belastungen aus neurobiologischer Sicht. In: Susanne Ditz / Christa Diegelmann / Margarete Isermann (Hg.): Psychoonkologie – Schwerpunkt Brustkrebs. Ein Handbuch für die ärztliche und psychotherapeutische Praxis. © 2006 W. Kohlhammer GmbH, Stuttgart.

58f. Hilde Domin, Bitte. Aus: dies., Gesammelte Gedichte. © S. Fischer Verlag GmbH, Frankfurt am Main 1987.

76 Textauszug aus: Hermann Hesse, Sämtliche Werke in 20 Bänden. Herausgegeben von Volker Michels. Band 9: Märchen und Legenden. S. 123. © Suhrkamp Verlag Frankfurt am Main 2002. Alle Rechte bei und vorbehalten durch Suhrkamp Verlag Berlin.

90 Textauszug aus: »Stufen«, aus: Hermann Hesse, Sämtliche Werke in 20 Bänden. Herausgegeben von Volker Michels. Band 10: Die Gedichte. © Suhrkamp Verlag Frankfurt am Main 2002. Alle Rechte bei und vorbehalten durch Suhrkamp Verlag Berlin.

99 »Gestutzte Eiche«, aus: Hermann Hesse, Sämtliche Werke in 20 Bänden. Herausgegeben von Volker Michels. Band 10: Die Gedichte. © Suhrkamp Verlag Frankfurt am Main 2002. Alle Rechte bei und vorbehalten durch Suhrkamp Verlag Berlin.

100f. Textauszug aus: »Bäume«, aus: Hermann Hesse, Sämtliche Werke in 20 Bänden. Herausgegeben von Volker Michels. Band 11: Autobiographische Schriften 1. S. 21. © Suhrkamp Verlag Frankfurt am Main 2003. Alle Rechte bei und vorbehalten durch Suhrkamp Verlag Berlin.

108 Aus: An die Sonne, aus: Ingeborg Bachmann, Werke, Bd. 1. Gedichte. © 1978 Piper Verlag GmbH, München.

111 Reiner Kunze, Sensible Wege. Aus: ders., gespräch mit der amsel. © S. Fischer Verlag GmbH, Frankfurt am Main 1984.

129 Aus: Antoine de Saint-Exupéry, Der Kleine Prinz. © 1952 und 2015 Karl Rauch Verlag, Düsseldorf.

131 Was es ist, aus: Erich Fried, Es ist was es ist. © Verlag Klaus Wagenbach, Berlin 1996.

159 Aus: Hans Margolius, Das Gute im Menschen. Aphorismen von Hans Margolius – ausgewählt von Othmar Capellmann. Verlag Ennsthaler, 4. Auflage 1981, S. 35.

Dieses Buch enthält auf den Seiten 45f., 50f., 57, 58, 79, 88, 134f., 150f. und 157f. überarbeitete Passagen aus: Brigitte Dorst: Therapeutisches Arbeiten mit Symbolen. Wege in die innere Bilderwelt. 3., aktualisierte Auflage. © 2022 W. Kohlhammer GmbH, Stuttgart; Brigitte Dorst: Erkrankung, Sinnfragen und Spiritualität. In: Christa Diegelmann / Margarete Isermann (Hg.): Ressourcenorientierte Psychoonkologie. Psyche und Körper ermutigen. 2., erweiterte Auflage (S. 184–191). © 2011 W. Kohlhammer GmbH, Stuttgart; sowie aus: Brigitte Dorst: Burn-out-Prophylaxe und die Sorge um sich selbst. In: Susanne Ditz / Christa Diegelmann / Margarete Isermann (Hg.): Psychoonkologie – Schwerpunkt Brustkrebs. Ein Handbuch für die ärztliche und psychotherapeutische Praxis (S. 198–205). © 2006 W. Kohlhammer GmbH, Stuttgart.
Mit freundlicher Genehmigung der W. Kohlhammer GmbH, Stuttgart.